Dušan Šimko

Hong Kong – Strassenverkäufer und Arbeiterfamilien

Als Dissertation genehmigt von der Philosophisch-Naturwissenschaftlichen Fakultät der Universität Basel auf Antrag der Herren Prof. Dr. W. Gallusser und PD Dr. R. Marr.

Basel, den 9. November 1982   Der Dekan:
                                                      Prof. Dr. H. Thomas

Gedruckt mit Unterstützung
der Basler Studienstiftung,
des Dissertationenfonds der Universität Basel,
der Geographisch-Ethnologischen Gesellschaft Basel

BASLER BEITRÄGE ZUR GEOGRAPHIE
Heft 29

Dušan Šimko

Strassenverkäufer und die Versorgung der Arbeiterfamilien von Kowloon (Hong Kong) im Umfeld der staatlichen Planungspolitik

Herausgegeben von Prof. Dr. W. Gallusser
und dem Geographischen Institut der Universität Basel
in Zusammenarbeit
mit der Geographisch-Ethnologischen Gesellschaft Basel
In Kommission beim Verlag Wepf & Co., Basel

Basel 1983

Dedicated to the memory of Dora Ackermann and John J. Bustin

VORWORT

Zweimal hatte ich die Gelegenheit, die britische Kronkolonie Hong Kong zu besuchen. Dem ersten achtwöchigen Erkundungsbesuch, im Sommer 1979, folgte der eigentliche halbjährige Forschungsaufenthalt im April bis Oktober 1980.

Mein besonderer Dank gebührt in erster Linie meinen Lehrern, Herrn Prof. Dr.phil. Werner Gallusser und Herrn PD Dr.phil. Rudolf Marr.

Herr Prof. Dr.phil. Werner Gallusser hat mich nach meinem Mineralogie-Geologie-Studium am Geographischen Institut der Universität Basel angenommen und zu fördern gewusst.

Herr PD Dr.phil. Rudolf Marr hat die vorliegende Arbeit mit kritischen Worten und Diskussionen begleitet; er war es auch, der mich bei meinen Forschungsaufenthalten in Hong Kong besucht hatte, und mir bei der Lösung so mancher Probleme behilflich war.

Ferner danke ich:

Dr. C.K. Leung, dem Lecturer am Geography and Geology Department der Universität Hong Kong und Dr. E.K.Y. Chen, dem Direktor des Centre of Asian Studies, der Universität Hong Kong; sie ermöglichten mir, als "Visiting Scholar" am Centre of Asian Studies zu arbeiten. Mrs. Conoor Kripalani-Thadani, B.A., der Sekretärin des Centre of Asian Studies, sowie auch Mr. P.M.C. Fung, B.A., Mrs. Carol Chan, Miss Betty Ching, Miss Becky Fung, Miss Elsa Leung, Miss Elisabeth Ng, B.A., den wissenschaftlichen und administrativen Angestellten des Centre of Asian Studies, die für mich etliche zeitraubende administrative Arbeiten erledigt haben.
Frau Rosmarie Gläsle, der Koordinatorin der Kinderheime der "Tsung Tsin Mission" und Mrs. Jenny Fan, welche bei der Kontaktnahme mit den Arbeiterfamilien unentbehrlich waren. Beide opferten dabei einen grossen Teil ihrer Freizeit.
Allen Strassenverkäufern in Cheung Sha Wan und Shek Kip Mei, sowie auch den Hausfrauen, Arbeiterinnen und Arbeitern, die sich bereit erklärt haben, unsere Fragen zu beantworten.

Den graduierten Studenten der Chinese University of Hong Kong, Shatin N.T., Miss Winnie Chui Fan Siu, Mr. Sammy Cheung, Mr. Tin Pee Cheung, Miss Louisa Yim Kam Wong und Miss Lisa Cheung, den freundlichen und enorm fleissigen Dolmetschern.

Dr. Y.K. Chan, dem Lecturer am Social Research Centre der Chinese University of Hong Kong, Shatin N.T., für interessante Gespräche, aber auch für seine Freundschaft.

Mr. Stephen S.K. Ip, dem City District Officer (Sham Shui Po) und Dr. K.S. Pun, dem Mitglied des Town Planning Office für das Ausleihen der Kartenunterlagen.

Dr. E.G. Pryor, dem Assistant-Director of Research and Planning Section, Hong Kong Housing Authority für alle geschenkten Unterlagen seiner Organisation.

Dr. Alynn Nathanson, meiner Kollegin für die zahlreichen Hinweise zu meinen Fragebogen und für die freundschaftliche Russisch-Unterhaltung.

Dr. Eric Kvan, dem Master des Robert Black College, für die Erlaubnis, im Robert Black College arbeiten und wohnen zu dürfen.

Fräulein Doris Hartmann für die sorgfältige Anfertigung der Druckvorlage und Herren Bruno Baur und Andreas Tschui für die graphischen Darstellungen.

Dem Fonds zur Förderung der Weiterbildung junger Wissenschafter der Universität Basel und dem Jubiläumsfonds der Basler Kantonalbank für die finanzielle Unterstützung meiner Forschungsarbeit in Hong Kong.

DUŠAN ŠIMKO

Basel, März 1983

INHALTSVERZEICHNIS

1.	ALLGEMEINE EINFÜHRUNG	1
2.	LAGE, GRÖSSE UND ADMINISTRATIVE GLIEDERUNG VON HONG KONG	3
2.1.	Entwicklung von Hong Kong	5
3.	FRAGESTELLUNG UND ARBEITSMETHODE	8
4.	AUS DEN ANFÄNGEN DES STRASSENHANDELS IN HONG KONG	11
5.	STRASSENVERKÄUFER - EINE BEGRIFFSERKLÄRUNG	19
6.	DIE RÄUMLICHE STRUKTUR DES STRASSENHANDELS	25
7.	STRASSENVERKÄUFER UND DIE WOHNZONEN VON HONG KONG	38
8.	LIZENZFRAGE UND LEGALITÄT DES STRASSENHANDELS	43
8.1.	Benachteiligung der umgesiedelten Strassenverkäufer	47
8.2.	Illegale Strassenverkäufer und Korruption	49
9.	MÄNNER UND FRAUEN IM STRASSENHANDEL	55
	Fragebogen A	59
9.1.	Altersklassen der Strassenverkäufer	59
9.2.	Dienstjahre der Strassenverkäufer	62
9.3.	Familienmitarbeit und Kinderarbeit	64
10.	GRÖSSE UND AUSSTATTUNG DER STRASSENVERKAUFSSTÄNDE	68
10.1.	Anordnungen für Strassenverkaufsstellen	68
10.2.	Materielle Ausstattung der Strassenverkaufsstände	72
11.	WOHNSTELLEN DER STRASSENVERKÄUFER UND PENDLERBEWEGUNGEN	79
11.1.	Wohnstellen der Strassenverkäufer	79
	11.1.1. Nam Cheong Street Markthalle	79
	11.1.2. Upper Pak Tin Estate Markthalle	81
	11.1.3. Pei Ho Street-Strassenmarkt	82
11.2.	Pendlerbewegungen	82
12.	GLEICHGEWICHT DER AKTIONSRÄUME	85

12.1.	Warenbezugsquellen und Mobilität	85
	FOTOS	95
	LEGENDE ZU DEN FOTOS	96
13.	ARBEITSZEIT UND ZEITPLAN DER STRASSENVERKÄUFER	98
13.1.	Frequenz und zeitliche Länge der Ankaufsfahrten	98
13.2.	Zeitplan und Arbeitsrhythmus der Strassenverkäufer	99
13.3.	Arbeitszeitlänge der Strassenverkäufer im Vergleich	102
14.	STRASSENVERKÄUFER UND IHRE SOZIALRÄUMLICHE STELLUNG IM DISTRIBUTIONSSYSTEM	106
14.1.	Vergleich mit Verteilernetzen anderer Länder	112
14.2.	Strassenverkäufer und Läden des modernen Distributionssystems	112
15.	DAS RÄUMLICHE GEFÜGE VON ANGEBOT UND NACHFRAGE	117
15.1.	Durchdringungsgradkoeffizient	117
15.2.	Strassenverkäufer-Dichte	121
15.3.	Strassenverkäufer-Nachfragepotential	127
	15.3.1. - im Untersuchungsraum Cheung Sha Wan	128
16.	UMSIEDLUNG DER STRASSENVERKÄUFER	132
16.1.	Fallstudie: Lower Shek Kip Mei und Nam Cheong Street Markthalle	132
16.2.	Kritik an der Umsiedlungspraxis am Fall der Nam Cheong Street Markthalle	137
17.	VERSORGUNG DER ARBEITERFAMILIEN VON CHEUNG SHA WAN UND SHEK KIP MEI	141
	SOZIALRÄUMLICHE GRUNDDATEN DER BEFRAGTEN ARBEITERFAMILIEN	160
	FRAGEBOGEN B	176
18.	ZUSAMMENFASSUNG	179
	SUMMARY	183
	LITERATUR- UND QUELLENVERZEICHNIS	187
	ABBILDUNGSVERZEICHNIS	193
	TABELLENVERZEICHNIS	195

1. ALLGEMEINE EINFÜHRUNG

Falls das gegenwärtige Wachstum der Städte in den Entwicklungsländern[1] bis zum Jahre 2000 anhält, werden die urbanen Gebiete 59% des Bevölkerungszuwachses absorbieren müssen.[2] Dies würde einem Nettozuwachs der Stadtbevölkerung von 1,2 Milliarden entsprechen.[3] Die bereits bestehenden urbanen Agglomerationen werden sich zu riesigen metropolitanen Gebilden entwickeln und werden die Stadtverwaltungen und Stadtplaner vor eine lange Reihe von Problemen stellen, denn schon heute reicht das Problemspektrum von der Abwasserbeseitigung, der Wasserversorgung, über die Gesundheitspflege, die Versorgung mit Nahrungsmitteln, die Wohnraumbeschaffung bis zur Bereitstellung von Arbeitsplätzen hin. Die Lösung dieses breitgefächerten Aufgabenkomplexes wird enorme technologische Anstrengung der gesamten Weltwirtschaft abverlangen, bei gleichzeitiger Berücksichtigung der heute oft übersehenen und unterschätzten sozioökonomischen und kulturellen Aspekte. Eines der brennendsten Probleme der Städte in den Entwicklungsländern ist die Sicherung der Versorgung der lokalen Bevölkerung mit Nahrungsmitteln und Gütern des kurz- und mittelfristigen Bedarfs. Dabei bilden die Strassenverkäufer einen wichtigen Bestandteil der Distributionssysteme der Städte in den Entwicklungsländern. Gerade diese Bevölkerungsgruppe ist es, die die Versorgung des sozial schwächeren, d.h. des grössten Teils der urbanen Bevölkerung im grossen Masse verwirklicht und sicherstellt. Im Gegensatz zu den Strassenverkäufern in den Städten der Industrienationen, wo sie nur eine kleine Bevölkerungsgruppe bilden und eine Art Relikt aus dem vorindustriellen Zeitalter darstellen, sind diejenigen in den Entwicklungsländern enorm zahlreich und beteiligen sich erfolgreich an der Aufrechthaltung grosser Teile der urbanen Versorgungsnetze.

---

1) Vgl. R.Marr,SLZ,22.7.1982,:1207
2) Vgl. U.N.Dept.of Economics and Social Affairs,Apr.25.,1975,:1 ff.
3) Vgl. Global 2000,1980,:520

In den südostasiatischen Grossstädten besteht seit einigen Jahren
eine deutliche Tendenz, die Strassenverkäufergemeinde zu verdrängen oder sie zumindest zahlenmässig zu vermindern, um sie später
aus dem Distributions- und Dienstsektor der jeweiligen urbanen Gebiete ausschalten zu können.[1] Die Palette der korrigierenden und
reglementierenden Massnahmen ändert sich von Land zu Land und von
Stadt zu Stadt, aber trotzdem sind bestimmte allgemein feststellbare Tendenzen zu erkennen. Die Behandlung der Strassenverkäufer
ist sehr oft recht ambivalent, da sich die Massnahmen und Absichten der Regierungsstellen und der zuständigen ausführenden Organe
gelegentlich zuwiderlaufen. Es werden dabei folgende Gründe angeführt, die das Verdrängen der Strassenverkäufer aus den urbanen
Distributionssystemen der Entwicklungsländer rechtfertigen sollen:
Die Strassenverkäufer würden den schwächsten Teil des städtischen
Arbeitsmarktes darstellen; es handle sich um alte unqualifizierte
- bzw. junge aus dem ruralen Bereich eingewanderte Menschen. Dieses Arbeitskräftepotential würde in der Industrie und dem modernen Dienstleistungssektor besser eingesetzt werden können. In den
Strassenmärkten würde des öftern gestohlene oder geschmuggelte Ware angeboten; die Strassenverkäufer würden keine Steuern bezahlen
und seien dadurch eine unlautere Konkurrenz für die festen Läden.
Durch das Aufstellen der Strassenverkaufsstände in den öffentlichen Räumen würden die Strassen, Plätze und Kanäle für den Verkehr
blockiert; die Strassenmärkte würden wegen ihrer mangelhaften Ausstattung eine ständige Seuchen- und Feuergefahr bilden und seien
eine grosse Lärmquelle. Ein weiterer Grund sei die grosse Kriminalitätsrate im sozialräumlichen Umfeld der Strassenmärkte und
schliesslich kämen noch sogenannte ästhetische Momente dazu.

---

[1] Vgl. T.G.McGee und Y.M.Yeung,1977,:42 ff.

2. LAGE, GRÖSSE UND ADMINISTRATIVE GLIEDERUNG VON HONG KONG

Die britische Kronkolonie Hong Kong liegt an der südchinesischen Küste, am Ausgang der Kanton-Bucht, etwa 32 km östlich der Mündung des Perl-Flusses. Die Gesamtfläche von Hong Kong beträgt zur Zeit - einschliesslich der inzwischen vorgenommenen Landgewinnungen - 1'045 km^2.[1] Davon umfassen:[2]

Hong Kong Island	77,80 km^2
Kowloon	9,10 km^2
New Kowloon (einschliesslich Stonecutter Island)	42,10 km^2
New Territories	915,60 km^2
Küstengewässerfläche	1'871,00 km^2

Die Insel Hong Kong wird durch den Victoria-Naturhafen von der Halbinsel Kowloon abgetrennt. Im Norden schliessen sich die New Territories der Halbinsel Kowloon an. Zu den New Territories werden auch die 236 Kleininseln gezählt. Auf sie entfällt etwa ein Viertel der Gesamtfläche der Kronkolonie. Die etwa 20 km lange Staatsgrenze trennt die Kronkolonie Hong Kong von der Volksrepublik China und verläuft - von der Bucht Hai Hoi Wan (Deep Bay) im NW der Halbinsel Kowloon - zur Bucht Tai Pang Wan (Mirs Bay) im NE.

Die geschätzte Bevölkerungszahl Hong Kongs - zur Zeit der vorliegenden Untersuchung (1980) - beträgt 5'148'000 Einwohner, mit über 98% Chinesen.[3] Für die demographische Struktur der Bevölkerung der Kronkolonie ist der hohe Anteil an Zuwanderern charakteristisch - nur 56,4% der Bewohner Hong Kongs sind an Ort und Stelle geboren. Die Mehrzahl der Wohnbevölkerung spricht kantonesisch; daneben hört man aber auch eine ganze Anzahl anderer chinesischer Mundarten.[4] Die urban genutzten und bebauten Flächen beschränken

---

1) Vgl. Census 1971,:28; Länderkurzberichte:H.K.,1976
2) Siehe Abb. 1
3) Vgl. Census 1976,H.K.Island:1'034'780 E., Kowloon:745'170 E., New Kowloon: 1'631'180 E., New Territories:951'520 E., Inseln:59'200 E.
4) Vgl. Census 1976, 81,2% kantonesisch, 3,3% hakka, 8,1% hoklo, 3,1% sze yap, 2,8% mandarin

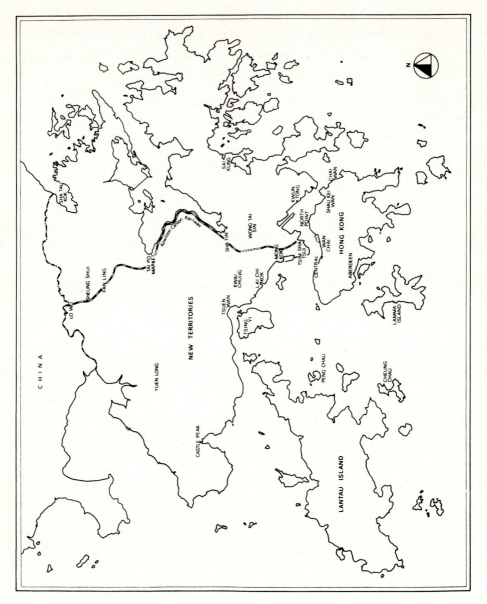

Abb. 1 Hong Kong, Kowloon, New Territories

sich weitgehend auf den Küstensaum von Honk Kong Island, Kowloon und New Kowloon. In den New Territories wurden - im Rahmen der grossangelegten Dezentralisation - sechs neue Satelliten-Städte[1] angelegt, die dem überfüllten städtischen Kerngebiet eine Entlastung gewähren sollen.[2] Ende 1979 lebten 1'932'422 Menschen in Staatswohnungen.[3] Die Housing Authority, die staatliche Wohnbehörde, ist bestrebt, bis 1990 für weitere 1,4 Millionen Einwohner subventionierte Wohnungen zur Verfügung zu stellen. Die drei grössten administrativen Teilbereiche der Kronkolonie (Areas) sind Hong Kong Island, Kowloon und die New Territories. Die letzteren werden in fünf Verwaltungsbezirke (Districts) untergliedert. Der Raum zwischen den Kowloon Hills und der Boundary Street wird als New Kowloon bezeichnet und zum urbanen Kerngebiet (Urban Area) Hong Kong-Kowloon Metropolitan Area gezählt. Zu diesem Verdichtungsraum werden gleichzeitig die Satelliten-Städte Tsuen Wan und Kwai Chung zugeschlagen. Die kleinsten, statistisch erfassbaren Einheiten sind die sogenannten Tertiary Units. Die Planungsbehörde verwendet noch zusätzlich die sogenannten Secondary Units, die annähernd den Census Districts im städtischen Kerngebiet entsprechen.[4]

2.1. Entwicklung von Hong Kong

Die Insel Hong Kong war am 29. August 1842 vom Kaiser von China im Vetrag von Nanking an die Königin Victoria von England abgetreten worden zum dauernden Besitz Ihrer britannischen Majestät, Ihrer Erben und Nachfolger. Dieser "Ungleiche Vertrag" beendete den Ersten Opium-Krieg (1839-1842). Die annähernd 2,6 Millionen Kilogramm dieses Rauschgifts, welches die East India Company damals jährlich ins Reich der Mitte importiert - und dort abgesetzt hatte, fügten dem Gesellschaftsleben Chinas, einschliesslich der Armee und der Verwaltung, schweren Schaden zu. Die Sucht breitete

---

1) New Towns:Yuen Long, Tsuen Wan, Tuen Mun, Sha Tin, Tai Po und Fanling
2) Vgl. J.M.Wigglesworth,in D.J.Dwyer,Hrsg.,1971,:48-69
3) Vgl. Housing Authority,H.K.,Annual Report 1978-79,Estate Capacity,:63
4) Eben diese Planungseinheiten dienten als Grundlage mehrerer für die vorliegende Untersuchung benötigter Berechnungen und Kartendarstellungen. Siehe Abb. 11,S.51

sich mit Windeseile aus, und auch die Wirtschaft des Landes wurde durch den Abfluss vom Silber[1] entkraftet. Der darauffolgende Zweite Opium-Krieg wurde am 24. Oktober 1860 mit dem "Ungleichen Vertrag" von Peking beendet, der den Briten einen Teil der der Insel Hong Kong gegenüberliegenden Halbinsel Kowloon einbrachte. Das neugewonnene Gebiet auf der Halbinsel reichte bis zur Linie der späteren Boundary Street.[2] Danach folgte der abrundende Pachtvertrag vom 9. Juni 1898. Diese sog. Konvention von Peking ermöglichte den Briten die Besetzung und anschliessende Nutzung des ganzen Raumes der New Territories. Mit dem Inkrafttreten dieser Konvention am 1. Juli 1898 hatte die Kronkolonie ihre derzeitige Ausdehnung erreicht.[3]

Der Status eines freien Hafens, den die Engländer der neugegründeten Kolonie gaben, ermöglichte das rasante Wachstum des neuen Umschlagplatzes für den Chinahandel. Schon sehr bald errichteten die ersten Handelshäuser, Banken und Versicherungen Niederlassungen in der explosiv wachsenden Stadt. Der im "Ungleichen Vertrag", 1843, mit China festgelegte freie Zugang der Chinesen nach Hong Kong, sicherte der Kronkolonie auch das so sehr benötigte Arbeitskräftepotential.[4]

Mit der Oeffnung Chinas nach 1976 hat Hong Kong seine alte Funktion als Drehscheibe für den Handel mit der Volksrepublik wieder zurückerhalten. Das Schlagwort "Vier Modernisierungen" hat in der Volksrepublik zumindest zeitweilig die Erkenntnis gebracht, dass nur die Uebernahme der technologischen Errungenschaften der westlichen technischen Zivilisation der stagnierenden chinesischen Wirtschaft auf die Beine helfen kann; und dazu braucht China Hong Kong. Die Reexporte in die Volksrepublik haben sich explosionsar-

---

1) Zahlungsmittel
2) Die südliche Abgrenzung des Untersuchungsgebietes bildet gerade die Boundary Street, d.h., dass 1997 das gesamte Untersuchungsgebiet wieder zum chinesischen Hoheitsgebiet gehören wird.
3) Vgl. I.C.Y.Hsü,1975,:189-256; J.Chen,1979,:27ff.
4) Bis zum 26.Okt.1980: Neue Regelung des Immigranten-Problems, begrenzte Einwanderung.

tig erhöht; 1978 betrugen sie noch 214 Mio.H.K.$, 1980 lagen sie bereits bei 4'642 Mio.H.K.$.[1] Der Anteil der Volksrepublik an den gesamten Reexporten der Kronkolonie erhöhte sich von 1,6% auf 15,40%.[2] Das Handelsvolumen Hong Kongs erreichte im Jahre 1980 209,89 Milliarden H.K.$, was gegenüber 1979 einer Zunahme von 30% entspricht.[3] Die Kronkolonie, so hoffen beide Seiten, kann auf doppelte Weise zur Modernisierung Chinas beitragen: Durch Investitionen Chinas in Hong Kong und durch Investitionen Hong Kongs in China. So hat China Teile des an das britische Territorium angrenzenden Shenzhen zur "Special Economic Zones"[4] erklärt, wo auswärtigen Kapitalanlegern äusserst preiswerte Grundstücke und Mieten, Steuervergünstigungen und billige Arbeitskräfte winken - während Hong Kongs Hafen, Banken und Handelsunternehmungen[5] für den Aussenhandel Chinas immer unentbehrlicher werden. Westliche und Hongkonger Firmen sind bereits mit der Volksrepublik "joint ventures" eingegangen - China dagegen ist aktiv am Hongkonger Kapitalmarkt beteiligt: Die Volksrepublik besitzt in der Kronkolonie Kaufhäuser, Handels- und Bauunternehmungen, Bankfilialen und Reisebüros.

---

1) H.K.$ = 0,34 SFr., 1980
2) Vgl. Schweizerischer Bankverein, "Der Monat",1982,4,:23
3) Vgl. H.K.Trade Development Council Report,Zürich,1982
4) Vgl. D.K.Y.Chu,1981,1982
5) "Hong Kong ist die schönste asiatische Dependance des Kapitalismus.", H.M.Enzensberger,Transatlantik,1980,10,:63

3. FRAGESTELLUNG UND ARBEITSMETHODE

Die Erstellung einer humangeographischen Arbeit ist in Hong Kong mit erheblichen technischen Problemen verbunden. So unterscheiden sich die Strukturkategorien der Bevölkerung, des Wohnraums, der Landnutzung und Arbeitsteilung erheblich von denjenigen in Europa. Auch der andersartige Aufbau der Hongkonger Verwaltungshierarchie erschwert die Arbeit des Humangeographen in der südostasiatischen Metropole. An dieser Stelle soll hingegen die hohe Qualität des zur Verfügung gestandenen offiziellen Kartenmaterials erwähnt werden, und zugleich auch der hohe Standard der technischen Unterlagen der Housing Authority Hong Kong.

Das Hauptproblem der vorliegenden Untersuchung bildet die Frage der sozialräumlichen Situation der Strassenverkäufer in den Planungseinheiten Cheung Sha Wan, K.P.A.5 (& Sub-District Sham Shui Po) und Shek Kip Mei, K.P.A.4 im Umfeld der staatlich subventionierten Erneuerung der Wohnanlage Shek Kip Mei, ihre Funktion im lokalen Distributionssystem und ihr Stellenwert in der Versorgung der distriktansässigen Arbeiterbevölkerung. Das Untersuchungsgebiet wurde so ausgewählt, dass es mehrere Wohnzonen von Kowloon beinhaltet und stark von der Stadterneuerung betroffen ist. Im weiteren ist im Untersuchungsgebiet eine sehr starke Strassenverkäufer-Gemeinde angesiedelt, die durch die Korrekturmassnahmen der Verwaltungsstellen einen enorm dynamischen Wandel ihrer lebensräumlichen Situation erleben muss.

Die Absicht war nicht, ein umfassendes theoretisches Konzept für die Analyse von Interaktionsmustern zu entwickeln, sondern - anhand der empirischen Untersuchung - eine Einsicht in die aktuellen Versorgungsstrukturen des Untersuchungsgebietes zu erreichen, und möglicherweise korrigierende Vorschläge für die Planung und Durchführung der Stadterneuerung, in Bezug auf die Strassenverkäufer, zu unterbreiten. Um die aus fremden Studien und verschiedenen Unterlagen ermittelten Materialien und Daten zu ergänzen, wurden folgende Befragungen durchgeführt: In der Markthalle, in der Nam Cheong Street wurden 60 umgesiedelte Strassenverkäufer befragt, und in der Markthalle des Upper Pak Tin Estate waren es 40 umgesiedelte Strassenverkäufer. Bei dieser Umfrage wurde der Fragebogen A. verwendet.[1] Im Strassenmarkt, in der Pei Ho Street beantworteten 451 Strassenverkäufer unsere Fragen anhand des erweiterten Fragebogens A.[2] Die Befragungen sind in den Strassen- bzw. Marktverkaufsständen jeweilen während der Arbeitszeit durchgeführt worden. Weiter befragten wir anhand des Fragebogens B[3] 63 Arbeiterfamilien nach ihren jeweiligen Versorgungsaktivitäten. Da es aber zwischen den Aktivitäten eines einzelnen Individuums interdependente Beziehungen gibt, bemühten wir uns um eine multifunktionale Aktivitätenanalyse, bei gleichzeitiger vertiefter Untersuchung der Versorgungsaktivitäten. Die Fragebogen sind auf Englisch und Chinesisch ausgearbeitet worden.

Nach telefonischer Abmachung, meistens zwei bis drei Tage vor dem Interviewtermin, erfolgte am Tage des Besuches der zu untersuchenden Arbeiterfamilie ein Kontrollanruf. Das eigentliche Interview erfolgte jeweils in der Privatwohnung der entsprechenden Familie und wurde vom Dolmetscher auf Kantonesisch durchgeführt.[4] Die Befragungen in den Familien dauerten zwischen 60 bis 120 Minuten. Dabei unterbrachen die befragten Hausfrauen oder Männer nicht immer ihre momentane Arbeit, wie Kochen, Waschen, Kinderpflege oder Heimarbeit. Auch lief während allen 63 Interviews das Fernsehen auf Hochtouren. Die grosse Kooperationsbereitschaft der befragten Arbeiterfamilien ist jedoch nur durch die persönliche positive Einstellung zur Tsung Tsin Mission zu erklären, welche die Kleinkinder der befragten Arbeiterfamilien betreut. Die Befragungen

---

1) Siehe S. 59
2) Siehe S. 59
3) Siehe S. 176
4) Mein Dank gebührt meinen freundlichen Mitarbeitern, den graduierten Studenten der Chinese University of Hong Kong, Shatin N.T., Miss Siu Winnie Chui Fan, Mr. Sammy Cheung Leung Fu, Mr. Cheung Tin Pee, Miss Louisa Wong Yin Kam und Miss Lisa Cheung. Alle waren sie bei den Strassenverkäufer- und Familienbefragungen unentbehrlich und zeigten für die vorliegende Untersuchung mehr als nur fachliches Interesse.

der Arbeiterfamilien wurden zwischen dem 14. Juli und dem 10. September 1980 durchgeführt und die Strassenverkäufer-Befragungen zwischen dem 15. Mai und dem 20. Juli 1980.[1]

Zahlreiche Gespräche - mit den Beamten der Housing Authority, sowie mit verschiedenen Departments der Hongkonger Regierung, dem Town Planning Office, den District-Offices (den untersten lokalen Verwaltungsstellen), den lokalen Kai Fong Welfare Associations (den distrikteigenen Sozialhilfeorganisationen), den Sozialarbeiterinnen der Tsung Tsin Mission - lieferten eine Unmenge von Einzelinformationen. Auch die Diskussionen in den Seminarien des Centre of Asian Studies, University of Hong Kong, sowie auch private Gespräche mit Kollegen an der Hong Kong University und an der Chinese University, Shatin N.T. trugen ihren Teil zum Gelingen der vorliegenden Arbeit bei.

Die vorliegende humangeographische Untersuchung will die lebensräumliche Situation der Strassenverkäufer erforschen, im Umfeld der staatlichen Stadterneuerung, ihre Funktion im Distributionssystem und ihren Stellenwert in der Versorgung der Hongkonger Arbeiterfamilien.

---

[1] Die Befragung von 525 Schülern der distrikteigenen Mittelschule St. Francis of Assisi College, Shek Kip Mei und Sze Yap College, sowie auch die Nutzungskartierung des gesamten Untersuchungsgebietes werden erst zu einem späteren Zeitpunkt - ausserhalb der vorliegenden Arbeit - ausgewertet.

Hong Kong - "A barren island with hardly a house upon it."
Lord Palmerston, 21. April 1841[1)]

4. AUS DEN ANFÄNGEN DES STRASSENHANDELS IN HONG KONG

Seit den frühen Anfängen der britischen Kronkolonie Hong Kong ist die Existenz einer höchst dynamischen Bevölkerungsgruppe bekannt - die der Strassenverkäufer und Strassenhändler. "There have always been hawkers in Hong Kong...", stellte der 1957 herausgegebene Hawker Report fest.[2)] Bereits im Dezember 1841, also 18 Monate vor der offiziellen britischen Inbesitznahme der Insel, registrierte der zukünftige erste Gouverneur, Sir Henry Pottinger, die Anwesenheit von Strassenverkäufern (hawkers) und Ladenbesitzern (shopkeepers), welche sich um die Bedürfnisse der ständig anwachsenden Bevölkerung der Insel sorgen sollten. Pottinger weiss von mehr als 12'000 chinesischen Arbeitern in Victoria zu berichten. Diese waren, wegen der neugeschaffenen Arbeitsgelegenheiten, vom Festland in die in der Entstehung begriffene Urzelle der zukünftigen Metropole eingeströmt. Es setzte nun eine fieberhafte Landverteilung ein. Der Land-officer, ein gewisser Captain G.F. Mylius, führte drei Kategorien von Grundstücken ein, nämlich die der Ufer-, Stadt- und Vorstadtbauzone (marine-, town-, suburban lots). Für die Versorgungssicherung der lokalen Bevölkerung wurden bestimmte Grundstücke für den Bau von Basaren (bazaars) freigegeben.[3)]

Zwei Jahre nach der Ratifikation des Nanking-Vertrages vom 26. Juni 1843,[4)] wurde den "lästigen" Strassenverkäufern mit drakoni-

---

1) Palmerstone Henry John Temple,1784-1865, Viscount,1830-1851 brit. Aussenminister der liberalen Regierungen
2) The Urban Council,Hong Kong,Dezember 1957,:2
3) G.B.Endacott,1979,:31 f.
4) Nach der brit. Belagerung von Nanking wurden die 13 Artikel des "Ungleichen Vertrages" am 29. August 1842 vom chin. Bevollmächtigten General Chi'-ying und Sir H.Pottinger unterzeichnet. Durch den Nanking-Vertrag wurde H.K. der Status einer brit. Kolonie verliehen.

schen Strafen gedroht. Die Anordnungen des Hong Kong Sanitary
Board sind erste Beweise für die Schwierigkeiten der kolonialen
Verwaltung mit der offensichtlich schnell anwachsenden Zahl der
Strassenverkäufer.[1]

Mit einer Konventionalstrafe von fünf Pfund waren all die Personen zu bestrafen, welche "expose anything for sale in or upon, or so to hang over any carriageway or footway, or on the outside of any house or shop, or who shall set up or continue any pole, blind awning, line or any other projection from any window, parapet, or other part, or other part of any house, shop or other building, so as to cause any annoyance or obstruction in any thoroughfare."

Auch zahlreiche Zeichnungen und Fotos aus jener Zeit belegen
greifbar die im Strassenbild allgegenwärtigen Strassenverkäufer.[2]
Es waren vor allem zwei Gruppen von Strassenverkäufern, die das
Interesse der zeitgenössischen Berichterstatter auf sich lenkten.
1. Die herumziehenden Strassenverkäufer, welche auf ihren Schultern einen Bambusstab mit zwei daran aufgehängten grossen Holzboxen balancierten, in welchen sich je ein Tongefäss mit Fischsuppe, Fisch- oder Schweinsblutgelee befand.
2. Diejenigen Strassenverkäufer, welche ihre Ware - Gemüse, Fisch und Fleisch - in grossen geflochtenen Körben oder auf zusammenklappbaren Tischchen ausbreiteten.

Zu diesen beiden Hauptgruppen gesellten sich aber noch die Imbiss-Strassenverkäufer und die Besitzer von zahlreichen Strassenrestaurants, welche mit ihren transportablen Verkaufsständen und Tischen die Gehsteige belegten, - und im weitern, eine ganze Reihe verschiedener spezialisierter Strassenverkäufer: Wasserverkäufer, Kohleverkäufer, aber auch Wahrsager und Briefschreiber. Das Anpreisen der jeweiligen Ware erfolgte durch branchenspezifische Marktrufe, deren Vielfalt J. Nacken zum Verfassen eines Berichtes verlockt hatte:"The stalls and hawking tables are illuminated by pa-

---
1) Ordinance No.14,1845: Laws relating to public health and sanitation in H.K.
2) Siehe Abb.2,3,4,5,City Museum Collection,Hong Kong

Abb. 2   Strassenverkäufer in der Queen's Road, Hong Kong, 1880

Abb. 3   Jadeschnitzer, Hong Kong, 1880

Abb. 4 Mit Obst und Gemüse handelnde Strassenverkäufer, D'Aguilar Street, Hong Kong, 1870

Abb. 5 Kowloon City, Hong Kong, um 1900

per lanterns, which, indeed, make the streets look lively and interesting..."[1]. Diesem Bericht sind auch Zahlenangaben zu entnehmen, betreffs Grösse der Strassenverkäufer-Gemeinde in Hong Kong. Zu Nackens Zeit waren nämlich die Strassenverkäufer verpflichtet, bei der Verwaltungsstelle (Registrar General) vierteljährlich beschriftete Holztäfelchen (wooden tickets) zu fünf Cents einzulösen - eine Art Lizenz also, die ihnen den Handel in den Strassen der Stadt ermöglichte. Für die erste Hälfte des Jahres 1873 weiss J. Nacken von 1'082 bzw. 1'146 eingelösten Tickets zu berichten. Die offizielle Statistik (Hong Kong Census) hingegen, meldet für das Vorjahr 1872, 2'431 gezählte Strassenverkäufer.[2] Ein Vergleich lässt vermuten, dass fast die Hälfte aller damaligen Strassenverkäufer ohne Lizenz tätig war.

Der grosse Kenner der Strassenverkäufer-Situation in Hong Kong, T. G. McGee, behauptet heute, dass die Strassenverkäufer um 1891 etwa die Hälfte der gesamthaft im Versorgungsbereich existierenden Arbeitsplätze eingenommen hatten. Nach McGee spielten die Strassenverkäufer schon damals eine "wichtige Rolle" in der "Verteilungsstruktur" der Kronkolonie.[3]

Bei allen Zahlenangaben über die Grösse der Strassenverkäufer-Gemeinde im 19. Jahrhundert handelt es sich ausschliesslich um Angaben in Bezug auf den Hafen Victoria und einige anliegende Dorfsiedlungen. Die Strassenverkäufer der Halbinsel Kowloon und des weiteren Festlandes waren bei den Erhebungen und Schätzungen wohl nicht berücksichtigt worden.

Bestimmt ist es nicht abwegig anzunehmen, dass die fliegenden Händler und Strassenverkäufer um die Jahrhundertwende von Kowloon aus regelmässig über die Meeresenge fuhren, um auf der Insel ihre Geschäfte zu betreiben. Zur Bekräftigung unserer Annahme kann auch die Skinnersche Beobachtung dienen, die besagt, dass die bäuerli-

---

1) Vgl. J.Nacken,1873,:128-134
2) Siehe Abb.6
3) Vgl. T.G.McGee,1973,:35

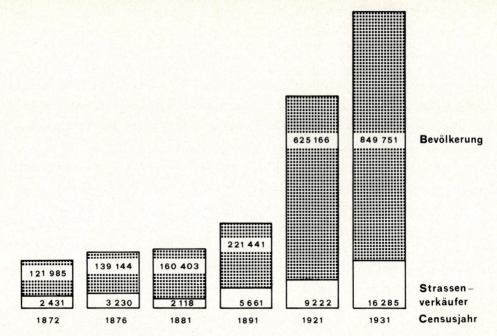

Abb. 6   Wohnbevölkerung und Anzahl Strassenverkäufer in Hong Kong, 1872-1931

chen Strassenverkäufer der Provinz Guangdong bis 1948 eine Distanz von minimal 4,5 km zwischen Wohnplatz und Marktort (standard market town) zu bewältigen pflegten.[1]

Die Abb. 6 hält den enormen Anstieg der Strassenverkäufer-Gemeinde in Hong Kong zwischen 1881 und 1921 fest. Der grosse Sprung erfolgte erst zwischen 1921 und 1931, als die 10'000er Grenze überschritten worden war. Der eigentliche Motor dieser Entwicklung war der explosiv wachsende Einwanderungsstrom, welcher einerseits durch die kriegerischen Auseinandersetzungen der lokalen Militärmachthaber (warlords) und andererseits durch die sozialrevolutionären Wirren in China verursacht worden war.[2] Während der Depressionszeit in Hong Kong haben auch viele Arbeitslose den Strassenverkäufer-Beruf ergriffen.

Nach 1900 versuchte die Verwaltung der Kronkolonie - zumindest einem kleinen Teil der Strassenverkäufer-Gemeinde - Herr zu wer-

---
1) Vgl. G.W.Skinner,1964,:24,195 ff.,363 ff.
2) Vgl. I.C.Y.Hsü,1975,:629-645

den, indem sie den Bau öffentlicher Markthallen (public markets) beschleunigte. Bis 1930 liess man das öffentliche Distributionsnetz von ursprünglich 4- auf 15 Markthallen anwachsen. In den zwanziger und dreissiger Jahren verfügte die Verwaltung der Kronkolonie weder über genügend Informationen, noch über ein Instrumentarium zur Bewältigung der so aktuell gewordenen Strassenverkäufer-Problematik (hawker problem). Wenn man nun die damals aktuelle Familiendurchschnittsgrösse (6 Personen) berücksichtigt, so wird dadurch ersichtlich, dass etwa ein Zehntel der Wohnbevölkerung von Hong Kong direkt oder indirekt vom Strassenhandel abhängig war.

1924 besuchte der Berufsrevolutionär Mao Zedong, zusammen mit Chang Kuo-t'ao, die britische Kronkolonie, um sich dort der Organisation der lokalen Gewerkschaften widmen zu können.[1] Der ökonomische Aufschwung von Hong Kong, sein Aufstieg zu einem der grössten Umschlagplätze der Welt,[2] war die Voraussetzung für das Entstehen einer modernen Arbeiterklasse. Der Aufenthalt von Mao Zedong in Hong Kong brachte dann auch seine Früchte schon im darauffolgenden Jahr: Am 19. Juni 1925 traten 25'000 chinesische Arbeiter von Hong Kong in einen über 16 Monate andauernden Streik. Dieser Streik hatte nur dank der funktionsfähigen Gewerkschaft verwirklicht werden können. Danach dauerte der Boykott von britischen Waren bis zum Oktober 1926. Es ist daher nur verständlich, dass Mao Zedong von Anfang an auch in Hong Kong nach den "natürlichen Verbündeten der Arbeiterklasse" Ausschau gehalten hatte. Als sicher gilt auch, dass er die schlechte soziale Lage der Strassenverkäufer schon vor diesem Besuch, in Shanghai und Beijing erkannt hatte. Seine frühen Schriften reflektieren nämlich seinen Umgang mit Strassenverkäufern; er fasste sie als eine soziale Gruppe auf, als ein potentielles Reservoir des städtischen Untergrundkampfes. Mao Zedong unterschied fünf Kategorien des Halbproletariats (semi-proletariat): Strassenverkäufer (pedlars), Pacht-

---

1) Vgl. R.Terril,1981,:88
2) Warenexporte nach China,1924:432 Mio.H.K.$, Warenumschlag H.K.:36,9 Mio t

bauern (semiowner peasants), besitzlose Bauern (poor peasants), kleine Handwerker (small handicraftsmen) und Ladenverkäufer (shopassistants).[1] Interessant ist, dass Mao Zedong die Strassenverkäufer - ihrer erbärmlichen sozialen Lage wegen - den "armen Bauern" gleichsetzte.[2] Nur allzugut wusste er über die Tätigkeit der geheimen Gesellschaften Bescheid, der Triaden (triad societies) in Fukien und Guangdong. Die Ausbeutung der Strassenverkäufer durch Grosshändler, Verteiler und durch die geheimen Gesellschaften machten in Maos Augen ihren Vergleich mit den von den Landlords ausgebeuteten Bauern stichhaltig. Es war also die hohe Verschuldung, welche die Strassenverkäufer, in eine relative Nähe der Bauern brachte, innerhalb des ideologischen Konzepts von Mao Zedong. In dieser Phase seiner Entwicklung stellt Mao Zedong das Verhältnis von städtischer Industrie (Proletariat) und ruraler Agrikultur (ländliches Lumpenproletariat) in das gesellschaftliche Zentrum, als progressive Wirklichkeit in einem asiatischen Agrarland. Entscheidend ist auch Maos Abneigung zur Relativierung der Funktion von Gewerkschaften nach Leninscher Art.[3] Daher seine Zuwendung zu solchen Randgruppen, zu denen die Strassenverkäufer zählten.

---

[1] Vgl. Mao Tse-Tung,1977,I,:16

[2] "The shop assistants are employees of shops and stores, supporting their families on meagre pay and getting an increase perhaps only once in several years while prices of rice every year. If by chance you get into intimate conversation with them, they invariably pour their endless grievances.

Roughly the same in status as the poor peasants and the small handicraftsmen, they are highly receptive to revolutionary propaganda. The pedlards, whether they carry their wares around on pole or set up stalls along the street, have tiny funds and very small earnings and do not make same as that of the poor peasants enough to feed and cloth themselves. Their status is roughly the same as that of the poor peasants they need a revolution to change existing state of affaires...", Mao Tse-Tung,1977,I,:17-18

[3] W.I.Lenin,1968,Bd.26,:87

5. STRASSENVERKÄUFER - EINE BEGRIFFSERKLÄRUNG

Im englischen Sprachgebrauch werden alle möglichen Typen von Strassenverkäufern mit Hawker bezeichnet. Nach H.D. Evers ist der Begriff Hawker die übliche Kollektivbezeichnung für alle Arten von Strassenverkäufern, "die unter Einbeziehung der für den Kollektivkonsum bestimmten Güter (Gehsteige, Plätze, Strassenbeleuchtung, Anzapfung von Elektrizitäts- und Wasserleitungen usw.) ihre Produkte herstellen oder verkaufen". Evers fügt aber mahnend hinzu: "Diese Arten städtischer Produktion und Reproduktion sind bisher nur wenig untersucht und in ihrer verwirrenden Vielfalt ebensowenig beschrieben worden".[1]

In der heutigen Verwaltungssprache[2], oder derjenigen der privaten-, bzw. staatlichen Wohlfahrt, aber auch der der Sozialwissenschaften, charakterisiert der Ausdruck Hawker längst nicht mehr einen spezifischen Typus eines herumziehenden Strassenhändlers, sondern ist ein Ueberbegriff, welcher alle erdenklichen Arten von Strassenverkäufern umfasst.

In Hong Kong wird der Strassenverkäufer auf Kantonesisch "shiu fahn", 小販 , small seller, also Kleinhändler genannt.[3] Dieser Begriff muss sich allerdings nicht immer mit dem englischen Begriff Hawker decken[4], denn der Begriff "shiu fahn" umfasst nicht nur Strassenverkäufer mit festem Verkaufsstand, sondern auch umherziehende, durch laute Rufe auf ihre Ware aufmerksam machende Strassenverkäufer.

Der dienstleistende Strassenverkäufer, wie z.B. der Strassenfriseur, Uhren-, Radio-, Elektrogerätereparateur ist in diesem Sammelbegriff "shiu fahn" nicht beinhaltet. Für den mobilen Strassenverkäufer benützt die Umgangssprache die Bezeichnung "lau dong

---

1) Vgl. H.D.Evers,1977,:16
2) Vgl. Hawker Dept.U.S.D.; Hawker Controll Force; Hawker Reports; Hawker Consultative Comittees usw.
3) Vgl. F.Y.Tse,1974,:15
4) Vgl. T.G.McGee,1970,:7 ff.

shiu fahn" 流動小販. Die festen Läden oder Kioske werden in Hong Kong "po tau", 舖頭, und das Kaufhaus "pak for kung see", 百貨公司, genannt. Das alte chinesische Sprichwort "tzuoh shang shirng fahn", 坐商行販, wörtlich: Sitzend ein Geschäftsmann; laufend ein Händler (Strassenverkäufer) - deutet noch auf das alte, aus dem ruralen Bereich stammende Sprachverständnis hin.

Die Befragung von 63 Arbeiterfamilien in New Kowloon West (Cheung Sha Wan, Sham Shui Po, Upper Pak Tin Est., Shek Kip Mei Est.), nach der begrifflichen Zuordnung der Strassenverkäufer, machte eine fliessende Grenze zwischen den einzelnen Benennungen der Strassenverkäufer-Typen sichtbar. Für alle Befragten würden die Gemüse-, Obst-, Spielzeug-, Konfektion verkaufenden Strassenverkäufer am ehesten den Namen "shiu fahn" verdienen. Die Befragten zeigten aber eine gewisse Unsicherheit bei der Benennung der Bijouterie-, Kräuter-, Textil- und Blumenhändler; zwei Drittel sahen diese Strassenverkäufer-Aktivitäten als ausserhalb der "shiu fahn"-Gruppe zugehörig. Die dienstleistenden Strassenhändler und Strassenhandwerker gehören nach dem Konsens der befragten Familien nicht zu den Strassenverkäufer-Aktivitäten; sie werden lediglich "fahn" 販 genannt, was etwa dem Ausdruck Verkäufer gleichkommt.

Es scheint also, dass die Kunden des Strassenhandels die unbeweglichen, festen Verkaufsstände verschiedenster Art bereits als einen Bestandteil des festen Distributionssystems betrachten und ihnen dadurch einen ladenähnlichen Status - fern vom Image des Strassenverkäufers "shiu fahn" - verleihen.

Die Strassenverkäufer und Besitzer von sogenannten "wall stalls", d.h. von fixen Verkaufsständen, deren Rückwand eine Häuserwand bildet, empfinden sich selbst als Händler und nennen ihre Verkaufslokalität einen Laden oder Kiosk, also "po tau", 舖頭.

Neben der Berufsgruppe der Strassenverkäufer, der dienstleistenden Strassenhändler und Strassenhandwerker werden in den Strassen von Hong Kong noch verschiedene andere - dem europäischen Erfahrungsbereich unbekannte - Berufsgattungen ausgeübt, wie z.B. die Müllsortierer, Restaurantabfallsammler, Briefschreiber, Wahrsager usw.[1] Die vorliegende empirische Untersuchung hat all die zusätzlichen Erwerbsaktivitäten, welche dem Strassenhandel nicht direkt angehören, ausser Acht gelassen, obwohl sie ein kompliziertes und feingegliedertes System zur Ausnützung urbaner Ressourcen darstellen.

Der bäuerliche herumziehende Strassenhändler (itinerant peasant trader) ist heute noch residual im Hinterland von Hong Kong, in den New Territories, anzutreffen. Es sind dies Bauern (farmers), welche die eigenen landwirtschaftlichen Produkte zum nächsten Marktort (market town, jehn) transportieren, um sie dort entweder an Grosshändler (bulk traders) oder selbst an einzelne Kunden zu verkaufen.[2] In den städtischen Kerngebieten von Hong Kong und Kowloon (Main Urban Areas) kann man den ruralen Typus des Strassenverkäufers nicht antreffen. Die vorliegende Untersuchung konnte zwar unter 100 befragten, umgesiedelten Strassenverkäufern, die in den öffentlichen Markthallen der Wohnanlage Shek Kip Mei, bzw. Upper Pak Tin tätig sind, einen 14%igen Anteil an Strassenverkäufern feststellen, die ihren Wohnsitz in den New Territories haben, also im ruralen Bereich von Hong Kong wohnen. Kein einziger aber war Farmer oder auf irgendeine Weise nebenberuflich in der Landwirtschaft tätig.

In ländlichen Gebieten der Provinz Guangdong, im sogenannten "grünen China", bildeten die herumziehenden bäuerlichen Händler (pea-

---

1) Vgl. H.J.Buchholz,1978,:183
2) Märkte in den New Territories: Chai Wan Kok Cooked Food Market, Cheung On Private Market, Cheung Chau, Heung Che Street Market, Hop Yick Private Market, Hung Cheung Cooked Food Market, Kam Tin Market, Kin Wing Cooked Food Market, Lam Tei Market, Lau Fau Shan Market, Luen Wo Private Market, Pau Cheung Street Temporary Market, Peng Chau (South) Market, Rennie's Mill Market, Sai Kung Market, Sam Shing Hui Temporary New Market, Sha Tau Kok Market, Sha Tin Private Market, Sha Tin Temporary Market, Sham Tseng Resite Market, Shek Wu Hui Market, Tai O (Lantau) Market, Tai Po Kuk Teng Market, Tai Po Market, Tseng Lan Shue Market, Tsing Yi Market, Tsuen Wan New Temporary Market, Tuen Mun San Hui Market, Yeung Uk Road Market, Yeung Uk Road Temporary Market, Yung Shu Wan Market, in Declaration of markets in the New Territories, Cap.132,section 79 (1), 8. Juni 1979

sant trader, shirng fahn) ein wichtiges Glied des bis 1948 bestehenden ruralen Distributionssystems. Bis heute hat sich die uralte, leicht modifizierte zelluare Hierarchie der Marktorte in Südchina erhalten. In den Marktorten (market towns, jehn), bestanden neben den festen Läden auch Strassenmärkte und Marktplätze, auf welchen die bäuerlichen Strassenverkäufer ihre Waren feilboten. Diese traditionellen ruralen Strassenmärkte wurden jeweils nach dem in China üblichen Mondkalender abgehalten.[1]

Der gesellschaftliche Status eines bäuerlichen Strassenhändlers unterschied sich deutlich von dem viel höheren eines Ladenbesitzers, der als Geschäftsmann (businessman) bezeichnet wurde.[2] Im Gegensatz zum Strassenhändler verlässt der Ladenbesitzer seinen Wirkungsort höchst selten. Auch seine Spezialisierung auf Waren des mittel- und langfristigen Bedarfes, der höhere Umsatz und schliesslich der Besitz des Ladens, samt seiner Einrichtung heben ihn beträchtlich von einem bäuerlichen Strassenhändler ab.

Die Anordnung der Hong Konger Verwaltung (The Public Health and Urban Services Ordinance) aus dem Jahre 1960 definiert den Strassenverkäufer (Hawker) folgendermassen:

a) Any person who trades in any public place -
   1. by selling or exposing for sale any goods, wares or merchandises; or
   2. by exposing samples or patterns of goods, wares or merchandises to be afterward delivered; or
   3. by hiring or offering for hire his skill in handicraft or his personal service; and

b) Any person who itinerates for the purpose -
   1. of selling or exposing for sale any goods, wares or merchandises; or
   2. of hiring or offering for hire his skill in handicraft or

---

1) Vgl. S.D.Gamble,1939,:277 ff.
2) G.W.Skinner,1964,:31 ff.

his personal service.[1]

Durch eine derart breit gefasste Abgrenzung des Strassenverkäufers (hawker) wollte die britische Verwaltung der Kronkolonie nicht nur die festen- und die mobilen Strassenverkäufer (fixed pitch hawker, itinerant hawker) erfassen, sondern auch die Kategorie der dienstleistenden Strassenhändler und Strassenhandwerker (fixed pitch service hawker, itinerant service hawker).

Bei den offiziellen Strassenverkäufer-Zählungen (Town Planning Office, Public Works Dept.) werden nicht die Verkäufer, sondern ihre Verkaufsstände (pitches, stalls) gezählt. Die Lage der Verkaufslokalität gilt jeweils als erstes Kriterium. Es werden unterschieden:

a) Verkaufsstände, die auf der Strasse aufgebaut sind (on-street)
b) Verkaufsstände, die abseits der Strasse aufgebaut sind (off-street)
c) Verkaufsstände, die sich in anderen Räumen (other areas) befinden

Die auf der Strasse aufgebauten Verkaufsstände können sich- entweder in den für die Strassenverkäufer vorbestimmten Zonen (designated areas) - oder in den unerlaubten, aber tolerierten Zonen (non-designated areas) befinden. Die abseits der Strasse aufgebauten Verkaufslokalitäten befinden sich in den öffentlichen und privaten Markthallen und Basaren (private and public markets and bazaars).

Für den urbanen Verdichtungsraum Kowloon und New Kowloon wurden 1974 bei der letzten offiziellen Strassenverkäufer-Zählung 23'786

---

1) Zusatz: "Provided that nothing in this definition shall be taken to include
    a) any person who sells to or seek order from any person who is dealer in any such goods, wares or merchandises and who buys to sell again; or
    b) any person who on request visits in any place the person making such request for the purpose of selling or offering for sale or delivering to him or taking from him orders for any goods, wares or merchandise or of hiring to the person making such request his skill in handicraft or his personal service; or
    c) any representatives of the press or any photographer", Hawker (By)Laws, 132,1964,:9 f.

Verkaufseinheiten (stalls) auf der Strasse (on-street) gezählt. "Off-street", in den verschiedenen Markthallen und Basaren, wurden 8'389 Verkaufseinheiten lokalisiert. In anderen Räumen (other areas) lediglich 3'479.[1]

Die Verwaltung ist noch immer gezwungen, aus finanziellen und technischen Gründen, auf Detailstudien zu verzichten. Sie scheint sich vorerst mit Makrostudien zu begnügen.

Im Strassenverkäufer-Bericht von 1974 wurden alle Arten von Verkaufseinheiten auf einen Nenner gebracht und mit dem Oberbegriff Verkaufsstand (stall) versehen. Der spezifische Habitus der jeweiligen Verkaufsstände wurde also nicht berücksichtigt; ebensowenig wurde zwischen legalen- und illegalen-, festen- und mobilen Verkaufsständen unterschieden.

Um einen möglichst grossen Teil der Strassenverkäufer-Gemeinde zu erfassen, wurden die Zählungen in der Zeit der Verkaufsspitze durchgeführt - zwischen 09.30 und 11.30. Aus diesem Grunde konnte der Bericht von 1974 die täglichen Schwankungen innerhalb der Strassenverkäufer-Zahl und ihre Pendelbewegungen nicht festhalten. So erhielten die Angaben des Schlussberichtes auch eine verminderte Aussagekraft und vermochten die Dynamik des traditionellen Verteilernetzes nicht darzustellen.[2] Der Bericht von 1974 unterschied übrigens lediglich vier Branchen bei den Strassenverkaufsständen (main types of stalls):

a) Fleisch-, Fisch- und Geflügel-Verkaufsstände (meat-, fish-, poultry stalls)
b) Früchte-, Gemüse- und Lebensmittel-Verkaufsstände (fruit-, vegetable-, food stalls)
c) Gemischtwaren-Verkaufsstände (sundry goods stalls)
d) Strassenrestaurants-Verkaufsstände (cooked food stalls)

---

1) Vgl. Hawker Report,P.W.D.,1974,:1A
2) Auch die statistischen Angaben über die jeweilige District-Wohnbevölkerung sind mit der üblichen 10%igen Fehlerquote seitens des Planungsamtes (Colony Planning Division) belastet.

6. DIE RÄUMLICHE STRUKTUR DES STRASSENHANDELS

Im folgenden Abschnitt werden die Raumtypen von Strassenverkäufer-Konzentrationen, die räumlichen Strassenverkäufer-Aktivitäten und die Anordnungstypen der Strassenverkäufer-Standorte besprochen.

Die räumliche Struktur des Strassenhandels in Hong Kong wird durch die Gesamtheit aller Strassenverkäufer (hawker) der Kronkolonie getragen. Es handelt sich dabei um eine spezifische Form der Nahversorgung, wobei jener Grundbedarf an Gütern und Diensten realisiert wird, dessen ausreichende Deckung für Leben und Gedeihen der urbanen Bevölkerung der Kronkolonie materiell und kulturell unumgänglich ist. Seit mehr als 140 Jahren funktioniert diese komplizierte und höchst lebensfähige räumliche Struktur der Versorgungssysteme[1] in Hong Kong - auch ist eine entsprechende räumliche Ausprägung der Nachfragequellen feststellbar.[2]

Die räumliche Struktur des Strassenhandels ist in Form von Verteilernetzen verwirklicht, innerhalb und ausserhalb der Verdichtungsräume der Kronkolonie, zum Zwecke der Herstellung und insbesondere der Distribution von Gütern des kurzfristigen- und mittelfristigen Bedarfes. Der Strassenhandel in Hong Kong weist bestimmte Raumtypen von Strassenverkäufer-Konzentrationen auf, die auf der Strasse (on-street) oder abseits der Strasse (off-street) arbeiten. Diese Raumtypen gliedern sich wie folgt:

a) Ruraler Markt (rural market, shyu-type)
b) Städtischer Strassenmarkt (urban street market)
c) Periodischer städtischer Markt (periodical-, seasonal market)
d) Nachtmarkt (night market)
e) Strassenverkäufer-Basar (bazaar)
f) Oeffentlicher Kleinhandelmarkt (public retail market)
g) Grossmarkt (wholesale market)
h) Spezialisierter Markt (specialized market)

---

1) Vgl. D.W.Drakakis-Smith,1971,:21 f.
2) Vgl. R.L.Davies,1977,:1

a) 1. In den New Territories ist heute noch der rurale Markt vom Shiu-Typus geläufig, wobei es sich eigentlich teilweise um periodische rurale Strassenmärkte handelt, die in den öffentlichen Räumen der kleinen Marktorte (market towns, villages), wie in Sai Kung, Sha Tau Kok oder in den Inseldörfern Cheung Chau; Mui Wo (Lantau) abgehalten werden.
Innerhalb der ruralen Strassenmärkte überwogen ursprünglich die bäuerlichen Strassenhändler (peasant trader, shirng fahn). Sie betrieben den Strassenhandel im Nebenberuf, also parallel zu ihrer Farmer-Existenz.[1] Die Verkaufsstände in den ruralen Strassenmärkten sind entweder im Besitze von bäuerlichen Strassenverkäufern oder von solchen, welche keiner landwirtschaftlichen Tätigkeit nachgehen, was heute eher die Regel ist.[2] Dadurch, dass das New Territories Development Department (N.T.D.D.) die Urbanisierung des Hinterlandes von Hong Kong derart rasant vorwärts trieb, hat sich die historisch gewachsene rurale Marktortestruktur entscheidend geändert.
Zur Zeit der Untersuchung belief sich die Bevölkerung der Neuen Städte (New Towns) auf ca. 100'000 Einwohner (Tai Po, Fanling, Sheung Shui, Shek Wu Hui und Yuen Long). Diese Wohnbevölkerung brauchte dringend neue Versorgungszentren. Demzufolge wurde das alte Marktortegefüge in den New Territories umstrukturiert - es entstand eine neue Marktortestruktur, welche sich in drei Modellebenen realisiert:

I. Periodische Strassenmärkte in den alten Marktorten (z.B. Sai Kung).
II. Tägliche Strassenmärkte in den zentralen Marktorten (z.B. Tai Po, Sha Thin).
III. Modernes Verteilernetz in den New Towns (public markets, wholesale markets).[3]

b) 1. Unter städtischen Strassenmärkten versteht man alle Strassenverkäufer-Konzentrationen, die in öffentlichen Räumen plaziert

---

1) Vgl. C.K.Yang,1944; M.Yang,1945; J.E.Spencer,1940
2) Vgl. C.Osgood,1975,:1083,1196 ff.
3) Vgl. Market Towns,N.T.D.D.,Public Works Dept.,1978,:1 ff.

sind und alltäglichen Charakter haben. Das gemeinsame Merkmal aller Strassenmärkte ist ihre legale- oder illegale Nutzung der für den Kollektivkonsum bestimmten Einrichtungen und der verschiedenen urbanen Ressourcen.[1] Diese Strassenmärkte dienen in Hong Kong vor allem den breiten Bevölkerungsschichten. An erster Stelle sichern sie die Lebensmittelversorgung der arbeitenden Bevölkerung bei gleichzeitiger Partizipation an der Verteilung der Güter des kurz- und mittelfristigen Bedarfes.

c)1. Am Wochenende oder während verschiedener religiös-traditioneller-, gesellschaftlicher-, sportlicher Anlässe finden die periodischen städtischen Märkte statt. So kommt es z.B. während des Drachen-Festes (Dragon Boat Festival) zu einer plötzlichen Kummulation von Strassenverkäufern aus anderen städtischen Bezirken (Districts) oder von herbeigeeilten lokalen Strassenverkäufern, die die Gelegenheit nutzen, die plötzlich entstandene Nachfrage nach bestimmten Artikeln (Schirme, Sonnenschutz, Brillen, Erfrischungsgetränke, Imbiss usw.) zu decken.
Auch während des sehr populären Mondfestes (Moon Festival)[2] kommt es in öffentlichen Anlagen (Parks, Gärten: Peak, Upper Levels, Causeway Bay, H.K. Island; Kowloon Park, King's Park, Kowloon) zu grossen Konzentrationen des Festpublikums. Diese Menschenansammlungen sind das Zielpublikum der ambulanten Strassenverkäufer. Am Tage des Mondfestes, wie auch am chinesischen Neujahr verkaufen die ambulanten Strassenverkäufer Lampions, Kerzen, Batterien und Feuerwerkartikel. Mit dem Ausklingen der jeweiligen Festanlässe lösen sich die Menschenansammlungen auf, und die ambulanten Strassenverkäufer beenden allmählich ihre Aktivitäten.

d)1. Eine unverminderte Anziehungskraft haben in Hong Kong immer

---

1) Vgl. H.D.Evers,1977,:16
2) Am 15. Tag des achten Monats nach dem alten Mondkalender

noch die Nacht-Strassenmärkte, die im Volksmund "poor man's night club" genannt werden. Den Nacht-Strassenmärkten muss man ausser der Versorgungsfunktion auch eine Erholungsfunktion zusprechen, da sie heute ein attraktiver Ort der Begegnung und Unterhaltung geworden sind.

Die Kunden der Nachtmärkte - eine sozial schwächere Gruppe - stammen im allgemeinen aus einem grösseren Einzugsbereich als diejenigen der Tagesmärkte, bei denen sich die Kundschaft grösstenteils aus der unmittelbaren Nachbarschaft rekrutiert. Weil die Kunden der Nachtmärkte länger im Raume des Marktes verweilen,[1] hat sich dort auch die Zahl der Strassenrestaurants aller Art erhöht.

Das Grundmerkmal dieser Strassenmärkte ist ihre spezifische Verkaufszeit, die um 20.00 beginnt und gegen 1 Uhr endet. Zu den berühmtesten Nacht-Strassenmärkten gehören der Flohmarkt von Hong Kong Macao Ferry Pier und sein Pendant Yaumatei, in der Temple Street. Der letztere ist besonders bekannt. Er zieht sich entlang der ganzen Temple Street, von der Jordan Road bis zur Kansu Street. Hier bieten die Strassenverkäufer an den rund 450 Verkaufsständen in erster Linie Kleidung an, danach folgen Schallplatten, Tonbandkassetten, Uhren (einheimische oder japanische), Kinderspielzeug, Ledergürtel, Schuhe, aber auch billige Bücher. Auf 70 Strassenrestaurants (cooked food stalls) und Imbissstände, die sich unter anderem auf Meeresfrüchte spezialisieren, stösst man am Nordende der Temple Street. Seit den frühen vierziger Jahren existiert dieser Nacht-Strassenmarkt in der Temple Street und vermag allabendlich bis zu 20'000 Personen anzulocken.[2] Aus diesem Grunde haben sich in der weiteren Umgebung der Temple Street zahlreiche Restaurants, Unterhaltungslokale und Mah-jong-Spielsalons[3] angesiedelt. In der Woosung Street, der Parallelstrasse zur Temple Street, fehlen auch Pornokinos, Spiel-

---

1) Vgl. K.Ching Choi,1976,:30 f.
2) Vgl. F.Leeming,1977,:83
3) Chinesisches Domino-Spiel. Es wird um Geld gespielt.

höllen und Strassenprostitution nicht.

Ueberhaupt hat die Mehrheit der Strassenmärkte in Kowloon ihre Verkaufszeit bis in die Abendstunden ausgedehnt. Mit der fortschreitenden Stunde sinkt aber deutlich die Zahl der aktiven Strassenverkäufer.

e) 1. Unter einem Strassenverkäufer-Basar (bazaar) ist jede Strassenverkäufer-Konzentration zu verstehen, welche in ebenerdigen, kleinen selbstgebauten Baustrukturen aus Holz und Wellblech untergebracht ist und sich auf öffentlichen Plätzen oder in Strassenzügen befindet. Oft sind solche eng zusammenhängende oder aufeinandergebaute Verkaufsbuden inmitten einer wichtigen Verkehrsachse aufgestellt, wo sie ein wahres Hindernis für den Fussgänger darstellen.

Im Untersuchungsraum Cheung Sha Wan, Sham Shui Po zieht sich der Basar entlang der ganzen Nam Cheong Street, von der Küste bis zur Un Chau Street. Die Fussgänger vermögen sich lediglich in einigen schmalen Durchgängen zwischen den Verkaufsbuden durchzuschlängeln.

Der legale Status ist es, welcher die Strassenverkäufer-Basare von den städtischen Strassenmärkten unterscheidet. Die Verwaltung stellt jedem angenommenen Bewerber das Grundstück seines Basars zur Verfügung. Für den Ausbau desselben ist der Strassenverkäufer selbst verantwortlich, das ist auch der Grund für das wirre und bunte Erscheinungsbild der Basare. Vom Gesetz her ist es verboten, die Verkaufsbuden der Basare aufzustocken; darum kümmern sich die Strassenverkäufer jedoch wenig - unermüdlich stapeln sie ihre Ware auf die schiefen Dächer ihrer Verkaufsstandorte.

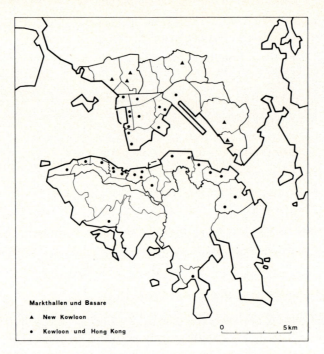

Abb. 7 Markthallen und Basare in Hong Kong

f)1. Die Regierungsorgane planen und bauen die öffentlichen Kleinhandelmärkte (public retail market). In der Abb. 7 ist die unregelmässige Verteilung der Markthallen und Basare im städtischen Verdichtungsraum von Hong Kong sichtbar. Klar begünstigt sind küstennahe, ältere Wohngebiete im Central Kowloon, West Kowloon und Hong Kong North West bzw. Hong Kong North Est.
Mit dem Bau von Markthallen und Basaren ist der eigentliche Schritt - weg von der Strasse, hinein in die Markthalle - vollzogen worden. In den ein- bis mehrstöckigen Betonbauten werden die einzelnen Verkaufsstände - nach Branchen separiert - an die Strassenverkäufer vermietet. Für die Innenausstattung müssen sie allerdings selber aufkommen. Die technische Ausstattung (Elektro-, Wasserinstallationen, Telefon, Latrinen und event. Bäder) runden das Bild einer modernen urbanen Verkaufslokalität ab. Diese öffentlichen Markthallen befinden sich unter der ständigen Kontrolle der Verwaltungsorgane, die sich vor allem um die Preisüberwachung, um die Organisation

und die Sicherung der hygienischen Vorschriften kümmern.

g)1. Die grösste Annäherung an europäische Vorbilder sind die Grossmärkte. Gleich den öffentlichen Markthallen werden sie von der Regierung gebaut und fortlaufend überwacht. Ihre grosse Kapazität und das Nebeneinander von festen Läden und Verkaufsständen der Strassenverkäufer in ein- und demselben Gebäude charakterisiert sie. Sie dienen auch als Warenbezugsquelle für die Strassenverkäufer und festen Läden der grösseren Einzugsgebiete. Die Koexistenz der Läden und der Strassenverkäufer bedeutet für die Kunden eine Vergrösserung des Angebotsortiments. Hier werden Güter des mittel- und langfristigen Bedarfes angeboten, welche im Strassenhandel weniger oder überhaupt nicht geführt werden.

h)1. Die Segregation nach einzelnen Strassenverkaufsbranchen innerhalb der Märkte führte allmählich zur Entstehung der spezialisierten Strassenmärkte. Diese Märkte zeigen sich als Teile grösserer Strassenverkäufer-Konzentrationen oder als abseits stehende selbständige Verkaufslokalitäten. So ist z. B. die Yu Chau Street im Untersuchungsgebiet Sham Shui Po ein spezialisierter Strassenmarkt für Textilien und Konfektion - der Strassenmarkt in der Nam Cheong Street für verschiedene Strassenhandwerker. In der Canton Road sind wiederum Metallwaren- und Elektrogeräte-Strassenverkäufer ansässig.
Meistens entspricht die Spezialisierung der Strassenmärkte derjenigen der am gleichen Ort vorhandenen festen Läden, so dass sogar geschäftliche Beziehungen zwischen den festen Läden und den Strassenverkäufern nicht ausgeschlossen sind. Weil der Ladenbesitzer kein Anrecht auf eine Strassenverkäufer-Lizenz hat, lässt er den Strassenverkäufer als Vertreter (assistant) fungieren; dieser setzt ihm einen Teil der Ware ab und zwar in nächster Nähe des festen Ladens, an seinem Strassenverkaufsstand nämlich.[1] In allen Strassenmärkten be-

---

1) Vgl. Hawkers,A report,1957,:2

steht also in der eigentlichen Segregation der einzelnen Verkaufsbranchen eine Tendenz zur Konzentration der Strassenverkäufer der gleichen Branche im gleichen räumlichen Abschnitt. Dadurch entsteht eine zellenartige Gliederung der Strassenmärkte. Dieses zellulare räumliche Nutzungsmuster entspricht demjenigen der traditionellen chinesischen Stadtorganisation, die in Hong Kong "ch'eng hang ch'eng shih" genannt wird.[1]
Unter "hang" versteht man eine Händlervereinigung und unter "shih" entweder das Geschäftsviertel oder den Markt mit den einzelnen Gruppierungen der Verkaufsstände nach Branchen. Der Ausdruck "hang shih" kann aber auch bedeuten "den Preis gestalten", d.h., dass die jeweilige Händler- (Strassenverkäufer-) Gruppe den Preis unter sich abspricht.

Frank Leeming bezeichnete dieses räumliche System der Spezialisierung von Strassenverkäufern und Händlern als wettbewerbshemmend (anti-competitive), also als "unmodern" und grundsätzlich "chinesisch", da die Preisgestaltung gelegentlich nicht aufgrund ökonomischer Ueberlegungen entsteht.[2]
Leemings Ueberlegungen mögen nur eine begrenzte Gültigkeit[3] haben betreffs der Preisgestaltung innerhalb der einzelnen Strassenverkäufer-Gruppen einer Branche. Für den ganzen Marktmechanismus sind seine Ueberlegungen grundsätzlich falsch, da das Preisdiktat der Grosshändler, Verteiler und der Konkurrenzdruck des modernen Sektors ganz bestimmte moderne Formen von Preisgestaltung sind.

Das konzentrierte Auftreten von Strassenkünstlern, wie Strassensänger, Strassentheaterspieler, Wahrsager, ist auch eine Erscheinung, die die Segregation innerhalb der Strassenmärkte mit sich bringt. Die Stadtverwaltung versucht in der letzten Zeit die Gruppe der Strassenkünstler zu fördern. Sie finanziert kleinere Theatergruppen oder Artistengruppen, die in den neuen Siedlungen auftreten müssen. Während der Festtage

---

1) Vgl. S.Kato,1936,:45 ff.
2) Vgl. F.Leeming,1977,:54
3) J.C.Jackson,1978,:45 ff.

bekommen die Strassenkünstler die Erlaubnis, auch in öffentlichen Parkanlagen Vorführungen zu veranstalten.

In den letzten Jahren gewannen die spezialisierten Märkte deutlich an Popularität, da sie in der Regel das günstigste Warensortiment führen.

Das Grundelement aller Strassenmarkttypen in Hong Kong, Kowloon ist der individuelle Strassenverkäufer, welcher - innerhalb des gegebenen Distributionssystems - seine Aktivitäten ausübt. Ein Strassenverkäufer kann entweder einen festen- oder einen mobilen Verkaufsstand betreiben. Anhand seiner räumlichen Aktivitäten spricht man von einem:

a) Festen Strassenverkäufer (fixed pitch hawker), der nur einen festen Verkaufsstandort betreibt.
b) Halb-mobilen Strassenverkäufer (semi-mobile hawker), der zwei feste Verkaufsstandorte beansprucht.
c) Mobilen Strassenverkäufer (mobile hawker), der mehrere Verkaufsstandorte hat.
c)1. Ambulanten Strassenverkäufer (seasonal hawker). Zu den mobilen Strassenverkäufern gehört auch der ambulante Strassenverkäufer, der innerhalb der periodischen Märkte agiert.

Die Besonderheit eines grossen Teils von ambulanten Strassenverkäufern ist das Ausüben ihrer Tätigkeit im Nebenberuf. Diese Gruppe ist von enormer Anpassungsfähigkeit. Ihre Artikelangebote variieren ständig, d.h. entsprechen stets dem momentanen Bedarf - so stehen auch schon - einige Minuten nach dem Einbruch eines Platzregens während der Monsunzeit - unzählige ambulante Strassenverkäufer an jeder Ecke und bieten Schirme an, obwohl sie eben noch Sonnenbrillen, Kämme und Streichhölzer verkauft haben.

In der vorliegenden empirischen Untersuchung sollen folgende Anordnungstypen der Strassenverkäufer-Standorte in den Verdichtungsräumen von Hong Kong und Kowloon unterschieden werden:

a) Reihenartige Anordnung
b) Dichte Anordnung
c) Inselartige Anordnung

d) Lockere Anordnung

a)1. Bei der reihenartigen Anordnung belegen die Verkaufsstände eine- oder beide Seiten des jeweiligen Strassenzuges. Eine solche Anordnung trifft man auch dort an, wo sich entlang einer Häuserwand oder Blockreihe Wand-Verkaufsstände (wall-stalls) nebeneinander reihen. Diese reihenartige Anordnung gehört zu den meist verbreiteten Typen. Sie kommt aber auch in den ruralen Märkten vom Shiu-Typ in den New Territories vor. Seltener ist sie jedoch in Nachtmärkten auf den Quais und den periodischen Märkten anzutreffen.

b)1. Eine dichte Anordnung von Verkaufsständen besetzt fast den ganzen freien Raum zwischen zwei einander gegenüberliegenden Blockzeilen-Trottoirs und Strasse sind verstellt. Deshalb muss an solchen Stellen der Durchgangsverkehr teilweise oder gänzlich unterbunden werden. In den für die Strassenverkäufer vorbestimmten Zonen (hawker designated, permitted areas) geht die reihenartige Anordnung stets in eine dichte über. In solchen Zonen ist nur der Zubringerdienst erlaubt. So sind während der Verkaufsspitze die dicht belegten Strassenzüge richtige Fussgängerzonen. Mit dem Ausklingen der beiden Verkaufsspitzen lockert sich jeweils die dichte Anordnung und geht wiederum in eine reihenartige Anordnung über.[1] Es sind vor allem öffentliche Markthallen (public markets) und Grossmärkte (wholesale markets), welche die Funktion von Verteilerbrennpunkten in den urbanen Verdichtungsräumen haben: Um die Gebäude der Markthalle gruppieren sich also die dicht angeordneten Verkaufsstände. Die Markthallen selbst mit ihrem breiter gefächerten Warenangebot ziehen einen weiteren Kundenkreis an als ein isoliert auftretender Strassenmarkt. Diese Tatsache nützen die Strassenverkäufer aus und suchen deshalb ihre Nähe, wobei ein Teil die Ware sogar in den Markthallen selbst bezieht.

---

1) Siehe Abb.8, Pei Ho Street Market, Sham Shui Po

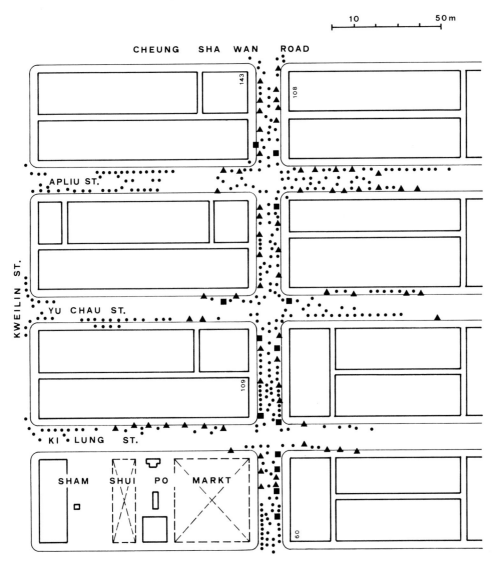

Abb. 8 Pei Ho Street-Strassenmarkt, Süd-Abschnitt

c) 1. In den mit einem Strassenverkaufsverbot belegten Zonen, wie
z.B. in den neuen Siedlungen (A-Wohnanlagen der H.A., A-
estates), sind inselartig angeordnete Verkaufsstände der mobilen Strassenverkäufer anzutreffen. Sie stellen ihre Verkaufsstände an dicht frequentierten Orten ab, wie z.B. an
Bushaltestellen, in der Nähe von Schulen oder Werkstattblök-
ken (manufacturing blocks). Eine inselartige Anordnung entwickeln auch die Strassenverkäufer in den Industriezonen von
Kowloon: Sie stellen sich an Strassenecken und in der Nähe
von Fabrikhallen auf. Ebenso postieren sich die Briefschreiber in den Eingängen von Amtsstellen oder der Post.
Unterhaltungskünstler, welche im Strassenhandelskontinuum
tätig sind, kommen auch inselartig angeordnet vor: Es sind
Strassensänger, Strassenschauspieler und Wahrsager. Diese
Gruppe bevorzugt speziell die Nähe von Markthallen. Die Friseure (barbers) kann man in den Wohnanlagen antreffen, wo
sie, meistens in der Nähe eines Hauseingangs, ihre Kundschaft
bedienen.

d) 1. Die periodischen städtischen Märkte, die mit den traditionellen Festivals verknüpft sind, sind es, welche innerhalb einer
kurzen Zeitspanne (1 Tag oder einige Stunden) grosse Käufer-
massen anzulocken vermögen. Mit den Festivalteilnehmern strömen auch die mobilen Strassenverkäufer herbei. Diese weisen
einen grossen Aktionsradius auf, denn sie sind bestrebt, ihren
Kundenkreis möglichst stark zu vergrössern. Solche Strassen-
verkäufer-Anordnungen sind weder reihenartig noch dicht, sie
sind locker. An Eingängen zu öffentlichen Parks, in denen
sich ein Fest abspielt, bilden die Strassenverkäufer aber
wieder inselartige Anordnungen.
Der Behörde (Hawker & Market Section, U.S.D.) ist die Ent-
scheidung, welche Erscheinungsformen des Strassenhandels von
Sanierungsmassnahmen betroffen werden sollen, nicht schwer
gefallen. Zuerst sollten die grossen Strassenverkäufer-Konzentrationen - in erster Linie die dicht- und reihenartig angeordneten - saniert werden, weil sie ein schwerwiegendes

Verkehrshindernis darstellen. Auch einige wissenschaftliche Untersuchungen widmen sich ausschliesslich Strassenverkäufer-Gruppen mit mehr als 25 Mitgliedern.[1]

---

[1] Vgl. T.G.McGee & Y.M.Yeung,1977,:38
(Kleine Strassenverkäufer-Gruppen werden durch T.P.O.U.S.D. nicht festgehalten)

7. STRASSENVERKÄUFER UND DIE WOHNZONEN VON HONG KONG

Die empirische Erfahrung lehrt, dass die Strassenverkäufer bestimmte Wohnzonen als Tätigkeitsorte bevorzugen, andere jedoch wiederum eher meiden. Das behördlich ausgesprochene Zutrittsverbot zu einem grossen Teil von Wohnanlagen bestimmt noch zusätzlich die räumliche Organisation und das daraus resultierende Erscheinungsbild des Strassenhandelskontinuums von Hong Kong.

Die demographischen- und sozioökonomischen Charakteristika einzelner, recht divergierender, zonaler Wohnkategorien sind es, die sich in einem kausalen Zusammenhang mit dem Vorhandensein von Strassenverkäufer-Konzentrationen befinden; d.h., dass die ethnische Struktur, die Alters-, Berufs-, Einkommens- und Bildungsstruktur der Wohnbevölkerung für das Auftreten der verschiedenen Strassenverkäufer-Konzentrationen massgebend sind.

Anhand von charakteristischen, morphologischen und entwicklungsmässigen Unterscheidungsmerkmalen (Lage, Bebauungsform, Grössenordnung, Verteilung, Verwaltungsstatus, Gebäudealter, Gebäudezustand usw.) der Wohnzonen von Hong Kong lassen sich folgende typische zonale Wohnkategorien unterscheiden:

a) Private Verbauungen (tenement, tenement-flat)[1]
b) Squattersiedlungen (squatters)
c) Umsiedlungs-Wohnanlagen (resettlement estates)
d) Wohnanlagen (estates) des Government Low Cost Housing Program
e) Wohnanlagen (estates) der Housing Authority
f) Wohnanlagen (estates) der Housing Society[2]

Durch die am 1. April 1973 erfolgte Reform des sozialen Wohnungsbaues kam es zur Auflösung und Neuorganisation der früheren öffentlichen- und öffentlich geförderten Wohnungsbaugesellschaften.

---

[1] Tenement: Urban-chinesische Einraumwohnung (mit verschiebbaren Innenwänden, selten mehrere dauerhaft untergliederte Räume) mit Küche. Tenement-flat: Private Wohnform, Uebergangsstufe zu einer gegliederten Wohnung.
[2] Vgl. L.S.Wong,1978,:28

Heute ist der ganze soziale Wohnungsbau unter einem Dach (Housing Authority) vereint. Diese zentrale Behörde plant und führt auch die Bauprojekte durch mit der Unterstützung der Regierung von Hong Kong. Folglich werden seit der Reorganisation von 1973 nur zwei Gruppen von Wohnanlagen (estates) unterschieden:

1. A-Wohnanlagen (A-estates). Sie entsprechen den Wohnanlagen des Government Low Cost Housing Programm (1962-1973).
1.1. Alle, seit 1973 durch die Housing Authority gebauten sozialen Wohnanlagen.
2. B-Wohnanlagen (resettlement estates). Die Gruppe der B-Wohnanlagen entspricht den seit 1954 gebauten sozialen Umsiedlungsblöcken (Mark I-VI).
2.1. Erneuerte B-Wohnanlagen (converted resettlement estates). Seit 1956 werden die B-Wohnanlagen kontinuierlich erneuert (umgebaut nach den Richtlinien der Housing Authority).

Die Karte der Strassenverkäufer-Dichte, Abb. 9, (Anzahl der Strassenverkaufseinheiten/10^3 Einwohner), verglichen mit dem Verteilungsmuster der Wohnzonen[1] in Kowloon, lässt folgendes erkennen:

I. Im innern Wohnbereich, fern der Küste, überwiegen private, abgeschlossene Wohneinheiten westlicher Bauart (flats). Hier - in Tsim Sha Tsui, Ho Man Tin - liegt die Strassenverkäufer-Dichte bei ca. 50- bis 200 Strassenverkaufseinheiten/10^3 Einwohner. In Mongkok dafür wird die absolute Spitze mit über 301 Verkaufseinheiten/10^3 Einwohner erreicht.

II. In den kleinen, zentrennahen Wohnzonen mit einem überwiegenden Anteil an öffentlich geförderten Wohnanlagen (A-, B-Wohnanlagen) konzentrieren sich die Strassenverkäufer hauptsächlich in den Umsiedlungs-Wohnanlagen (B-estates). Im Gelände der Umsiedlungs-Wohnanlagen der ganzen Kronkolonie wurden 1974 total 9'803 Strassenverkaufseinheiten gezählt; davon waren 5'461 Verkaufsstände in Markthallen und Basaren unterge-

---

[1] H.J.Buchholz stellte anhand der Auswertung der Census-Ergebnisse 1971 auf kleinräumiger Basis (tertiary planning units) das Verteilungsmuster der Wohnzonen im Stadtgebiet von H.K. dar. Vgl. H.J.Buchholz,1979,:130

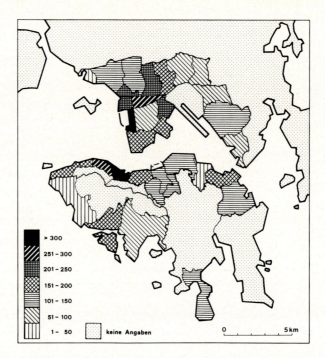

Abb. 9   Strassenverkäufer-Dichte der urbanen Distrikte von
         Hong Kong und Kowloon

bracht, 1'041 Verkaufsstände arbeiteten auf der Strasse und die restlichen 3'328 standen abseits der Strasse. Die Strassenverkäufer-Dichte in den B-Wohnanlagen lag bei ca. 70- bis über 100 Verkaufseinheiten/10^3 Einwohner.

Im Untersuchungsraum Shek Kip Mei Estate beträgt die Strassenverkäufer-Dichte 187 Verkaufseinheiten/10^3 Einwohner.

Die Strassenverkäufer werden vom Gelände der A-Wohnanlagen programmatisch ferngehalten, woraus eine niedrige Strassenverkäufer-Dichte resultiert. In diesen Wohnzonen gibt es prinzipiell keine Strassenmärkte, da die Strassenverkäufer in den Markthallen oder Basaren zusammengeführt werden. Gelegentlich werden provisorische Strassenverkäuferkonzentrationen bewilligt mit einer zeitlich begrenzten Tätigkeitsdauer. In allen A-Wohnanlagen wurden 1974 614 Verkaufseinheiten gezählt. Der Durchschnitt für alle A-Wohnanlagen der Kronkolonie liegt heute bei 14- bis 30 Verkaufseinheiten/10^3

Einwohner. So beträgt z.B. im Untersuchungsraum der A-Wohnanlage, Upper Pak Tin, die Strassenverkäufer-Dichte 26 Verkaufseinheiten/10^3 Einwohner.

III. In den küstennahen, hafenbezogenen privaten Verbauungen des westlichen Küstenraumes (tenement, tenement-flat) von Kowloon bzw. New Kowloon, in Yau Ma Tei, Tai Kok Tsui, Sheung Sha Wan kommen erhöhte Strassenverkäufer-Dichten vor: 100- bis 250 Verkaufseinheiten/10^3 Einwohner.

IV. Mit wachsender Entfernung von den Verdichtungsräumen - in den äussern Randlagen also - sinkt die Strassenverkäufer-Dichte in den A-Wohnanlagen. Diese A-Wohnanlagen umschliessen im Osten den Hafen kranzförmig. Die New Town, Kwun Tong, besitzt mit 13 Verkaufseinheiten/10^3 Einwohner eine sehr niedrige Strassenverkäufer-Dichte.

V. In den Squattersiedlungen, die an den Bebauungsgrenzen der Metropole, besonders in extremen Relieflagen gebaut werden, arbeiten die Strassenverkäufer auch. In dieser Wohnzone, die noch nicht durch den sozialen Wohnungsbau erfasst worden ist, fehlen aber die Strassenmärkte. Allerdings bilden hier die Strassenverkäufer lediglich kleinere, inselartige Konzentrationen. Diese besondere Gruppe von Strassenverkäufern ist bis heute nicht erfasst worden, da sie zahlenmässig kaum ins Gewicht fällt.[1)]

Zusammenfassend lässt sich sagen, dass die Strassenverkäufer diejenigen öffentlichen Räume der Wohnzonen bevorzugen, welche private Wohnblocks mit privaten Flat-tenement-Wohneinheiten enthalten. Altersmässig variieren diese Wohnzonen; gesamthaft aber wurden sie alle innerhalb der Zeitspanne von 1945 und 1960 gebaut. Es handelt sich dabei um Wohnzonen mit sehr hoher Bevölkerungsdichte; mit einem hohen Anteil an Arbeitstätigen, die ein monatliches Durchschnittseinkommen von ca. 1'500 H.K.$ haben; mit einer

---

1) Vgl. Hawker Report, T.P.O., U.S.D., 1974

hohen, 70%-Beschäftigungsquote der verheirateten Frauen; mit
einer durchschnittlichen Familiengrösse von 6 Personen; mit einem
12%-Anteil an Arbeiterfamilien, von denen 43% einen Primarschul-
und 33% einen Sekundarschulabschluss haben; mit einem 30%-Anteil
an Jugendlichen unter 15 Jahren.[1] Im weitern handelt es sich um
Wohnzonen, die durch wichtige Verkehrsachsen erschlossen sind
oder sich in Küstennähe befinden. Hier ist ebenfalls auch ein
Gros von Markthallen und Basaren angesiedelt. In diesen Wohnzonen werden die Sanierungsmassnahmen zuletzt durchgeführt, und
die Restriktionen werden nicht immer konsequent gehandhabt.

---

1) Vgl. Hong Kong Population and Housing Census, Street Block Data, 1979

8. LIZENZFRAGE UND LEGALITÄT DES STRASSENHANDELS

Der Staat lässt sich die Benützung von öffentlichem Raum (Strassen, Strassenkreuzungen, Plätze, Parks, Unter-, Ueberführungen, Kanäle usw.) vom Strassenverkäufer bezahlen. Um legalen Strassenhandel betreiben zu können, muss ein Strassenverkäufer im entsprechenden District- bzw. Sub-District Office (Hawker & Market Section) eine Strassenverkäufer-Lizenz (hawker licence) beziehen.[1] Eine ganze Serie von gesetzlichen Anordnungen reglementiert die Strassenverkäufer-Aktivitäten in urbanen- und ausserstädtischen Räumen der Kronkolonie.[2]

In den sechziger Jahren war eine Strassenverkäufer-Lizenz relativ erschwinglich: Für einen festen Verkaufsstandort (fixed pitch) musste der Strassenverkäufer 20 H.K.$ pro Jahr bezahlen. Ein mobiler Strassenverkäufer (itinerant hawker) musste für eine Hausierer-Lizenz (pedlar's licence) 10 H.K.$ pro Jahr aufbringen. Die besonders begehrte Strassenrestaurant-Lizenz (cooked food licence) kostete den Strassenverkäufer 250 H.K.$ jährlich.[3]

Tab. 1 zeigt die 1973/78 gültigen Lizenz-Gebühren für den Strassenhandel in Hong Kong. 1978 erfolgte jedoch eine enorme Verteuerung der Lizenz-Gebühren. Eine solche drastische Verteuerung belastet die Standortrendite und drängt zusätzlich einen gewichtigen Teil der Strassenverkäufer in die Illegalität.

Jeder Strassenverkäufer, welcher ohne Lizenz seinen Geschäften

---

1) "No person except one in respect of whom a licence has been issued under these (by-)laws may hawk any commodity or service...", Hawker Laws,1973, II,Cap.132,:5
2) Vgl. Declaration of markets in the New Territories,Cap.132,section 79 (1), 1979; Hawker (Permitted place) Declaration,Cap.132,section 83B (4),1979; Declaration of markets in urban areas,Cap.132,section 79 (1),1979; Hawker (Permitted area) Declaration,Cap.132,Hawker By-Laws,4 (1),1979; Hawker (New Territories) Regulation,Cap.132,1978; Hawker By-Laws,Cap.132,1973; Restriction of hawking in special areas,N.T.,1973; Public market By-Laws,Cap.132, 1970
3) Vgl. F.Leeming,1974,:80

Tab. 1   Lizenz-Gebühren für den Strassenhandel in Hong Kong

Verkaufsstandorttyp / Fläche Ware / Dienstleistung	1973-78 H.K.$	1978-80 H.K.$
Fester Verkaufsstand Schuhputzer	5	40
Andere Klassen Diverse Artikel	50	80
Mobiler Verkaufsstand Imbiss und Getränke	300	1'000
Mobiler Verkaufsstand Eis	75	150
Mobiler Verkaufsstand Diverse Artikel	25	50
Temporärer Verkaufsstand Diverse Artikel	25	50
Stellvertretung Diverse Artikel	25	50
Strassenrestaurant grösser als 2,83 m^2 Warme Speisen	500	1'000
Zeitungsstand	25	50
Friseur	25	50
Wand-Verkaufsstand bis 1,86 m^2 Diverse Artikel	50	50-250
Andere Verkaufsstände 1,86 bis 2,21 m^2 Diverse Artikel	50	50-200

nachgeht, handelt illegal und macht sich strafbar.[1] Das Abrutschen in die Illegalität ist auch durch den chronischen Raummangel bedingt, der wiederum die limitierte Vergebung der Strassenverkäufer-Lizenzen herausfordert; nur selten ist soziale Not daran Schuld. Für den einmal bestraften Strassenverkäufer (Konventionalstrafen bis 500 H.K.$)[2] scheint oft der illegale Status

---

[1] Vgl. Hawker Regulations,1978,8A
[2] "Any person who is guilty of an offence under these regulations shall be liable to a fine of 500 H.K.$ or to imprisonment for 6 months...", Hawker Regulations,N.T.,1977,:T10

ökonomischer und dadurch verlockender zu sein. Viele Bewerber
einer Strassenverkäufer-Lizenz werden monatelang, gar jahrelang
auf die Warteliste des jeweiligen Hawker Department gesetzt. Es
gelingt heute längst nicht allen Bewerbern, eine Strassenverkäufer-Lizenz zu erwerben. So treibt auch die lange Wartezeit viele
in die Illegalität. In Hong Kong ist es vom Gesetz her verunmöglicht worden, innerhalb der Familie (vom Vater auf den Sohn) eine
Strassenverkäufer-Lizenz zu erben. In Singapore z.B. wird sogar
die Lizenzvergabe an Bewerber unter 40 Jahren verhindert.[1]

Der Besitz einer Lizenz bedeutet aber noch lange nicht, dass ihr
Inhaber keine illegalen Geschäfte betreiben würde, im Gegenteil,
es wird angenommen, dass bis 15% aller Fleisch-Strassenverkäufer
und bis 20% aller Fisch-Strassenverkäufer illegale Geschäfte betreiben.[2] Die Fisch-Strassenverkäufer neigen z.B. dazu, zusätzliche Gehilfen anzuheuern, die an einem anderen Verkaufsstandort
für Umsatzsteigerung sorgen sollen. Diese Gehilfen haben keine
Lizenz, obwohl sie einen Teil der Ware des Lizenz-Trägers verkaufen. Dadurch machen sich beide Personen strafbar. Eine andere
verbreitete illegale Tätigkeit der Fisch- und Fleisch-Strassenverkäufer ist die Rotation zwischen mehreren festen Verkaufsstandorten, wobei die Standortmiete lediglich einmal bezahlt wird.
Eigentlich wäre die Stellvertretung eines Strassenverkäufers während seiner begründeten Abwesenheit (Warentransport, Verpflegungspausen, Heimgang, Krankheit usw.) erlaubt. Es ist aber nicht erlaubt, einen Stellvertreter (deputy hawker) an einem lizenzierten
Verkaufsstandort arbeiten zu lassen, während der Lizenz-Träger
anderweitig seine Ware illegal an die Kunden bringt.

In den Markthallen sind die Lizenz- und Mietgebühren dem Gesetz
nach von der Grösse der Verkaufsstandortfläche abhängig. Die Lizenz- und Standortmietgebühren in der neueröffneten Nam Cheong
Street Markthalle betragen für die grossen Läden auf der Front-

---

1) Vgl. T.G.McGee & Y.M.Yeung,1977,:58
2) Vgl. F.Y.Tse,1974,:63

seite 5'000 H.K.$ monatlich; für die Verkaufsstände im Innern der neuen Markthalle 220-250 H.K.$ monatlich; für die Kleinläden 1'500 H.K.$ monatlich und für die Läden 2'000 H.K.$ monatlich.[1]

Neun Jahre vor der Umsiedlung waren die Lizenz- und Standortmietgebühren für die Läden der Mark I und Mark II Blocks in der Lower Shek Kip Mei Wohnanlage bedeutend niedriger: Eine kleine Verkaufskoje (small single bay shop), 11,98 m^2, kostete pro Monat 71 H.K.$; ein Kleinladen (large double bay shop), 22,95 m^2, 320 H.K.$; ein Lebensmittelgeschäft 778 H.K.$ und ein Fleisch-, Fisch-, Geflügelladen 1'795 H.K.$.[2]

Aus der Tab. 2 wird die restriktive Haltung der Regierung, dem Strassenhandel gegenüber, ersichtlich. (Insofern man die Profitrate berücksichtigt).

Tab. 2 Mietkosten der verschiedenen Verkaufsstandorte der Strassenverkäufer in Kowloon

Verkaufsstandort Verkaufseinheit	Strassenhandel Fester Verkaufsstand	B-Wohnanlage Kleinladen	A-Wohnanlage Laden
Durchschnittliche Standortfläche (m2)	1,86	18,77	46,45
Durchschnittliche Monatsmiete/ Lizenz (H.K.$)	45,83	137,90	1'134
H.K.$/m2	24,64	7,35	24,41

Der einfache Vergleich der wirklichen Mietkosten (Lizenzgebühr inbegriffen) pro Flächeneinheit im Strassenhandel, mit denjenigen in den Markthallen und den sonstigen Verkaufslokalitäten zeigt,

---

1) Quelle: Mündliche Auskunft Mr.Au Boon Yin,Asst.Manager,Upper Pak Tin Est. and Lower Shek Kip Mei Est., Housing Authority,Juli 1980
2) Vgl. F.Y.Tse,1974,:230

dass der Strassenverkäufer eindeutig die höchsten Monatsmieten pro Flächeneinheit zu bezahlen hat, im Vergleich mit denjenigen in den Läden der B-Wohnanlagen.

8.1. Benachteiligung der umgesiedelten Strassenverkäufer

Ein umgesiedelter Strassenverkäufer, welcher für seinen festen Verkaufsstand auf der Strasse monatlich 24,64 H.K.$/m^2 zu bezahlen hat, ist jetzt in einer Markthallen-Koje der gleichen Flächengrösse mit einem fast fünfeinhalb-fachen Betrag belastet (134,41 H.K.$/m^2).

Tab. 3 Mietkosten der verschiedenen Verkaufsstandorte in der Nam Cheong Street Markthalle, Shek Kip Mei Estate

Verkaufseinheit	Koje (single bay)	Kleinladen	Grossladen
Durchschnittliche Standortfläche (m2)	1,86	21,37	74,32
Durchschnittliche Monatsmiete/ Lizenz (H.K.$)	250	1'500	2'000
H.K.$/m2	134,41	70,19	26

Es ist notwendig zu betonen, dass der umgesiedelte Strassenverkäufer keine Freiheiten hat betreffs Wahl seines neuen Verkaufsstandortes. Insofern er sein Gewerbe weiter betreiben will, muss er den Anordnungen und Richtlinien der zuständigen Behörde Folge leisten. Im vorliegenden Fall der Nam Cheong Street Markthalle[1] ist ein grosser Teil, der dort tätigen Strassenverkäufer, aus dem alten Strassenmarkt der B-Wohnanlage Shek Kip Mei umgesiedelt worden. (Für diese Umsiedlung zeichnet die Housing Authority H.K. verantwortlich). Der nun in der öffentlichen Markthalle unterge-

---
1) Siehe Tab. 3 und Abb. 10

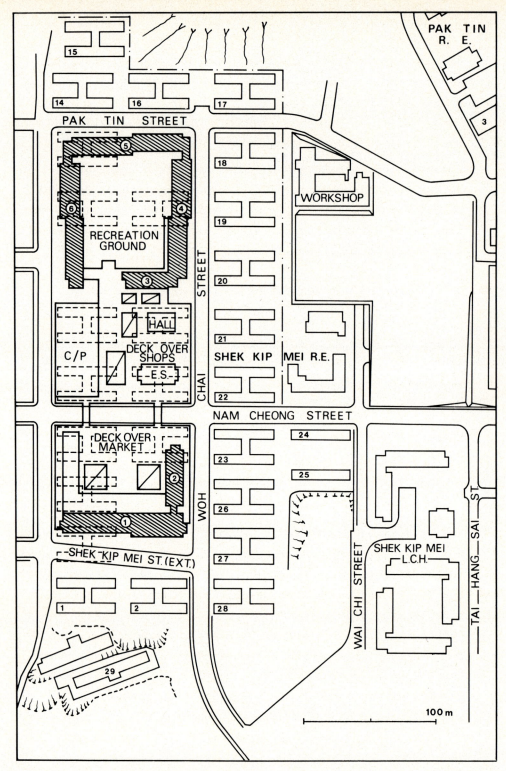

Abb. 10 Shek Kip Mei Estate, Erneuerungsschema

brachte Strassenverkäufer zahlt pro Flächeneinheit (m^2) das ca. Vierfache eines Ladenbesitzers (big shop). Diese Ueberlegungen zeigen auch eine klare Benachteiligung der Strassenverkäufer im Wettbewerb mit den Läden des modernen Distributionsnetzes. Davon betroffen sind vor allem die Strassenverkäufer, welche ihre Standortfläche (Verkaufsfläche) zusätzlich vergrössern, da sie wegen der zu hohen Standortmiete bei gleichem Flächenanteil, wie es die kleinen Läden gewöhnlich haben, nie die gleiche Standortrendite erreichen können.

Der Schlüssel zur Lösung der Strassenverkäufer-Frage liegt für die Behörde also im weiteren Belasten der individuellen Strassenverkäufer-Budgets. Diese Mietepolitik wird aber kaum Früchte tragen, da sie die umgesiedelten Strassenverkäufer zur aggressiveren Preispolitik zwingt und vor allem einen grossen Teil der sozialschwächeren Strassenverkäufer aus dem Umsiedlungsprogramm von vornherein ausschliesst. An dieser Stelle sollten Sanierungsprogramm-Korrekturen einsetzen!

8.2. Illegale Strassenverkäufer und Korruption

In den sechziger Jahren erkannten die Behörden die katastrophale- und als solche unhaltbare Situation betreffend Strassenmärkte im Untersuchungsgebiet Cheung Sha Wan, K.P.A.5 und Shek Kip Mei, K.P.A.4 (siehe Abb. 11): "But in Kowloon and north of Argyle Street the situation is out of controll... In and around the Resettlement Estates there are fullscale illegal markets which are relics of or, in the case of Shek Kip Mei, still are part of the whole mass of illegal activities which are tolerated in the very large squatter areas. Meat- and fish hawkers can be accomodated in food shops in the estates. In Shek Kip Mei a satisfactory solution will probably have to await clearance of the remaining squatters.."[1]

---

1) Vgl. Hawkers, A report, 1957,:18

Die schlechten hygienischen Verhältnisse, Brandgefahr, Kriminalität und Verkehrsschwierigkeiten gehören zu den unerwünschten Begleiterscheinungen der nächsten Umgebung der Strassenmärkte.

Im Sub-District Sham Shui Po waren zur Zeit der Untersuchung 3'600 Strassenverkäufer tätig (1'400 legale feste Strassenverkäufer und 2'200 legale mobile Strassenverkäufer; davon 1'100 illegale). In der Pei Ho Street[1] arbeiten 705 Strassenverkäufer (236 feste- und 469 mobile Strassenverkäufer). Dem Bericht des Sub-District Office[2] zufolge, überwiegen im Viertel Sham Shui Po die mobilen Strassenverkäufer.

In der Pei Ho Street wurden 16 Fisch-Strassenverkäufer gezählt. Da Fische zu den Grundnahrungsmitteln der lokalen chinesischen Bevölkerung gehören, könnte man eine höhere Anzahl von Fisch-Verkäufern erwarten. Der Fischverkauf auf der Strasse gehört jedoch fast ausnahmslos zu den illegalen Beschäftigungen. So arbeitet also die Mehrheit der Fisch-Verkäufer heute in öffentlichen Markthallen oder spezialisierten Märkten. Die Verbannung der Fisch-Strassenverkäufer hinein in die Markthallen, wurde mit hygienischen Ueberlegungen begründet: Sie sind auf der Strasse ausgesprochen selten anzutreffen. Bei den illegalen Fisch- und Fleisch-Strassenverkäufern handelt es sich um durchwegs junge Männer unter 30 Jahren. Der illegale Status erfordert nämlich ein ewiges Fliehen vor Kontrollorganen und demzufolge eine besonders grosse Mobilität. Das Interesse der jungen Strassenverkäufer am illegalen Fischhandel ist durch die hohe Gewinnmarge der Ware zu erklären. Nicht zufällig bemerkte F.Y.Tse, im Hinblick auf die illegalen Fisch- und Fleisch-Strassenverkäufer: "Illegal meat- and fish hawkers are particulary skillfull in dispersing and avoiding arrests.."[3]

Im März 1972 gab es in den städtischen Kerngebieten (Main Urban

---

1) Siehe Abb. 8
2) Vgl. Sham Shui Po Sub-District Office,Int.Report,15.Oktober 1980,:80
3) Vgl. F.Y.Tse,1974,:95

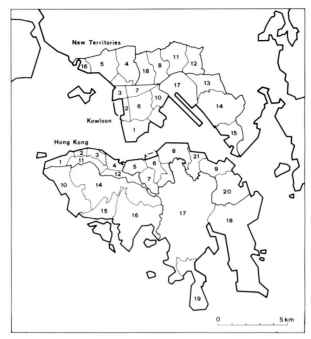

Abb. 11 Urbaner Raum Hong Kong[1]

---

[1] Gliederung des Stadtgebietes von Hong Kong nach Planungseinheiten (Secondary Units).

HONG KONG
1. Kennedy Town
2. Sai Ying Pun
3. Sheung Wan
4. Central District
5. Wan Chai
6. Causeway Bay
7. Wong Nai Chung
8. North Point
9. Shau Kei Wan
10. Pok Fu Lam
11. Mid-Levels I
12. Mid-Levels II
13. Tai Hang
14. Peak
15. Aberdeen & Ap Lei Chau
16. Little Hong Kong
17. Tai Tam & Repulse Bay
18. Shek O
19. Stanley
20. Chai Wan
21. Quarry Bay

KOWLOON and NEW KOWLOON
1. Tsim Sha Tsui
2. Yau Ma Tei
3. Tai Kok Tsui
4. Shek Kip Mei
5. Cheung Sha Wan
6. Ho Man Tin
7. Mongkok
8. Wang Tau Hom & Tung Tau
9. Hung Hom
10. Ma Tau Kok
11. Tsz Wan Shan, Diamond Hill, San Po Kong
12. Ngau Tau Kok
13. Ngau Tau Kok
14. Kwun Tong
15. Cha Kwo Ling, Yau Tong, Lei Yue Mun
16. Lai Chi Kok
17. Kowloon Bay
18. Kowloon Tong

Quelle: Town Planning Office, H.K. Planning Area Boundaries and major geographical Divisions-urban, Plan Ref.No.2.78.47, December 78,:1

Areas) von Hong Kong und Kowloon 36'091 lizenzierte Strassenverkäufer.[1] Die letzten offiziellen Strassenverkäufer-Zählungen liegen für das Jahr 1974 vor. In den städtischen Kerngebieten befanden sich tagsüber 49'310 Strassenverkäuferstände (day-time stalls), davon standen 27,7% oder ca. 13'660 auf der Insel Hong Kong, 30,2% oder ca. 14'880 in Kowloon und 42,1% oder fast 20'780 in New Kowloon. Die Verteilung der Strassenverkäufer in die verschiedenen Raumtypen[2] sah folgendermassen aus:

a) 22,2% oder 10'930 Strassenverkäufer in Markthallen oder Basaren
b) 69,5% oder 34'290 Strassenverkäufer auf der offenen Strasse
c) 8,3% oder 4'090 Strassenverkäufer in nicht näher bestimmten Raumtypen

Noch im Jahre 1968 behaupteten die Regierungsstellen, dass auf jeden legalen Strassenverkäufer ein illegaler käme; dadurch wäre die Gesamtzahl der Strassenverkäufer in den städtischen Kerngebieten auf ca. 60'000 gestiegen. Es gab aber auch zu hoch gegriffene Schätzungen, die von einem Verhältnis von 1:4 sprachen.[3] Für den ganzen Kowloon Raum konnte man zur Zeit der Untersuchung das Verhältnis der legalen- zu den illegalen Strassenverkäufern mit 4:1 beschreiben.[4] F.Y.Tse schätzte die Zahl der illegalen Strassenverkäufer auf 1/4 von 53'000 Strassenverkäufern für das Jahr 1971.[5]

Bestechungsgeld, auch "tea-money" genannt, ist das übliche Eintrittsgeld, mit welchem sich der Neuankömmling das Recht auf eine Verkaufsstelle erwerben muss.[6] Dieser Geldbetrag wird an die entsprechende lokale, alteingesessene Strassenverkäufer-Vereinigung

---

1) Vgl. H.K.Annual Departmental Report by the Chairman,Urban Council and Director of U.S.D.,1971/72,:104
2) Vgl. Planning Report,Town Planning Office,H.K.,P.W.D.,Mai 1974,:1A,1B
3) Vgl. "Wah Kiu Yat Po",Daily,5.Mai 1968
4) Quelle: Mündliche Auskunft Mr.Stephen S.K.Ip,City District Officer, Sham Shui Po,Lai Chi Kok Road 299,Oktober 1980
5) Vgl. F.Y.Tse,1974,:222
6) Vgl. C.S.Kwang,1962

bezahlt. Daraus werden z.B. Festanlässe mitfinanziert oder etwa
Beiträge an Schutzorganisationen, Geheimbünde ausbezahlt. Im weiteren werden auch die Angestellten des Cleaning Department bestochen. Sie ermöglichen dem Strassenverkäufer, seine Ware oder seinen Verkaufswagen über Nacht an Ort und Stelle stehen lassen zu können. Die Mitglieder der Hawker Controll Force und der Polizei sind stets mit den Bestechungsversuchen der Strassenverkäufer konfrontiert.[1] Die Geheimgesellschaften jedoch spielen ihre "Schutzrolle" weiter. Kaum ein Strassenverkäufer würde jedoch diese allgemein bekannte Tatsache zugeben. Vor allem sind es die Strassenrestaurant-Besitzer, die Fisch- und Fleisch-Strassenverkäufer bzw. die Imbiss-Strassenverkäufer, die zu Bestechung neigen - als Methode des sich Behauptens im Konkurrenzkampf. Die Frage der Bestechung hängt eng zusammen mit der internen Hierarchie innerhalb des Strassenmarktes, d.h. insbesondere mit dem Lagefaktor und der entsprechenden Standortrendite.[2] Tim Richardson sieht die Gründe für die Bestechung innerhalb der Strassenverkäufer-Gemeinde in der langen Tradition der Korruption in der Hongkonger Gesellschaft.[3] Frank Leeming meint dazu: "Consequently hawking is one of the foundations of small-scale blackmail and corruption in the community..."[4]

Im Verlauf der vorliegenden Untersuchung wurde den befragten Strassenverkäufern mit Absicht keine Frage nach dem Besitz einer Lizenz gestellt. Solche Fragen nach dem eventuellen Illegalitätsstatus hätten nur das Misstrauen der befragten Strassenverkäufer geweckt- und alle übrigen Untersuchungen verunmöglicht. Einzig bei den 16-, in der Pei Ho Street gezählten Fisch-Strassenverkäufern ist es eindeutig, dass sie einen illegalen Status haben, da ja der Fleisch- und Fisch-Strassenverkauf innerhalb des Strassenmarktes in Sham Shui Po offiziell verboten ist.

---

1) Quelle: Mündliche Auskunft Mr.Denis Cunningham, Shek Kip Mei Police Station, New Kowloon West, Juli 1980
2) Vgl. P.E.Fong,1975,:1 ff.
3) Vgl. T.Richardson,1977,:166
4) Vgl. F.Leeming,1977,:81

Offizielle Berichte und insbesondere wissenschaftliche Untersuchungen über die Frage des illegalen Strassenhandels sind äusserst rar.[1] Die Hauptursache für die Existenz eines illegalen Strassenmarktes in der Kronkolonie ist wohl das eindeutige Bestreben der Verwaltungsstellen, die Gesamtzahl der Strassenverkäufer mit allen Mitteln zu reduzieren. Der entscheidende Schritt in diese Richtung wurde mit der Sperrung der neuen A-Wohnanlage für die Strassenverkäufer unternommen. Die gleichzeitig verlaufenden grossangelegten Umsiedlungsaktionen der alten Strassenmärkte und insbesondere der Märkte in den B-Wohnanlagen tragen ihrerseits zum Ausschluss eines gewichtigen Teils der Strassenverkäufer-Gemeinde aus dem traditionellen Verteilernetz bei. Die ständig wachsenden Verkaufsstandort-Gebühren, zusammen mit den teurer gewordenen Lizenzen, treiben zumindest den sozial schwächsten Teil der Strassenverkäufer-Gemeinde zum schwarzen Strassenhandel. Oft sind es gerade die alten Menschen, für die der Strassenhandel eine Art Alterssicherung darstellt, mangels privater- oder staatlicher Altersfürsorge. Die drakonischen Strafen für illegalen Strassenhandel - im Wiederholungsfall[2] bis zu 2'000 H.K.$ - haben auf die wartenden Lizenzbewerber kaum eine "erzieherische" Wirkung.

Es ist generell anzunehmen, dass sich mit dem forcierten Ausbau des Markthallen-Distributionssystems, der Strassenhandel - bei gleichzeitiger Abnahme des illegalen Strassenhandels - stabilisieren wird.

---

1) Vgl. L.C.Lu,1972
2) "On his second or any subsequent conviction for the offence, to a fine 2'000 H.K.$ and to inprisonment for six months and, in the case of continuing offence, to further fine of 25 H.K.$ for each day during which the offence has continued.", in Hawker (by-)Laws,Cap.132,56(1),1978,:17

9. MÄNNER UND FRAUEN IM STRASSENHANDEL

In verschiedenen Arbeiten über Strassenverkäufer in tropischen Entwicklungsländern wurde stets eine hohe Beteiligung der Frauen am Strassenhandel beobachtet - ja sogar oft ein prozentuales Uebergewicht.[1] Dies hat verschiedene Gründe: Allzuoft wird argumentiert, der Strassenverkauf benötige wenig Startkapital (Lizenz, materielle Ausstattung des Verkaufsstandes) und erhebe besonders bescheidene Ansprüche auf die berufliche Qualifikation. Dazu komme die Abwanderung des männlichen Teils der Bevölkerung in die besser bezahlte Lohnarbeit (Industrie, tertiärer Sektor), was auch eine Zunahme des Frauenanteils im Strassenhandel zur Folge habe. Sicherlich spielt auch die traditionelle Zuwendung der Frauen zur Verkaufstätigkeit - besonders in ländlichen Räumen SE-Asiens - eine wichtige Rolle.[2]

Die Strassenverkäuferzählung in der Pei Ho Street hat ergeben, dass von 451 befragten Strassenverkäufern 45% Frauen sind. Doch diese prozentuale Vertretung der männlichen und weiblichen Strassenverkäufer ändert sich je nach Tageszeit stark: Die Männer sind z.B. beim Abend- und Nachtverkauf (20.00 - 01.00) stärker vertreten als die Frauen. Die abendlichen Zählungen der Strassenverkäufer nach Geschlecht ergaben einen 55%-Anstieg der männlichen Strassenverkäufer.[3] Die Resultate der Umfrage in der Pei Ho Street tagsüber deuten auch auf eine leichte Gewichtsverschiebung zugunsten der Vertretung der weiblichen Strassenverkäufer hin. 1971, neun Jahre vor dem Zeitpunkt der vorliegenden Untersuchung also, eruierten gross angelegte Zählungsaktionen der Chinesischen Universität Hong Kong noch ein leichtes prozentuales Uebergewicht der männlichen Strassenverkäufer. Die Verhältniszahl der männlichen- zu den weiblichen Strassenverkäufern lautete damals wie 3:2.

---

1) Vgl. A.G.Marshall,1964; S.W.Mintz,1955; S.Tax,1953; P.H.Temple,1964; E.W.Soja,1972; D.McCall,1961
2) Vgl. W.F.Wertheim,1964,:307 ff.; W.J.Waworontoe,1974; W.G.Skinner,1965,: 195 ff.; Liem Twan Djie,1964
3) "The majority of night hawker in Hong Kong, Singapore and Djakarta are males...", T.G.McGee,1970,:28

Im District Mongkok, im bedeutendsten Zentrum des Strassenhandels in Kowloon, ist jedoch das Verhältnis der männlichen- zu den weiblichen Strassenverkäufern während des Tages wie 6,3:3,7, und nachts 7,4:2,6.[1] Die Verminderung des Frauenanteils am abendlichen Verkauf ist auf mehrere Ursachen zurückzuführen: Das Pflichtenheft der Frau innerhalb der Familie und der Sicherheitsfaktor sind dabei von grosser Bedeutung. Im weitern arbeiten die Frauen meistens im Gemüse- und Obsthandel, welcher doch in den späten Abendstunden zum Erliegen kommt.

Für den modernen kommerziellen Sektor sah 1971 die Verhältniszahl der männlichen- zu den weiblichen Arbeitskräften anders aus: 7,5: 4.[2] Obwohl die Strassenverkäufer einen bedeutenden Anteil an der Verteilung von Gütern des kurz- und mittelfristigen Bedarfs haben, werden sie im Census nicht zum kommerziellen Sektor gezählt; ja sie werden sogar einfach ausgeklammert! - Die Strassenverkäufer sind keine "moderne" Arbeitnehmergruppe.

Im Strassenhandel in Baguio, auf den Philippinen, ist das Verhältnis der Anzahl der männlichen zur Anzahl der weiblichen Strassenverkäufer wie 3,6:6,4; in Manila hingegen ist es wie 3:7. Im indonesischen Bandung, Jakarta und in Kuala Lumpur, Malaysia wiederum dominieren noch immer die Männer. Besonders bei den chinesischen Strassenverkäufern in den Grossstädten SE-Asiens wurde eine stabile Sexualproportion im Strassenhandel registriert.[3]

Der Frauenanteil variiert stark von Branche zu Branche. Nur bestimmte Branchen werden für Frauen offen gehalten, andere wieder sind für sie unzugänglich. Im Obst- und Gemüsehandel auf den Strassen von Hong Kong aber dominieren die Frauen, ebenso in den öffentlichen Markthallen (public markets) und den Märkten der B-Wohnanlagen (resettlement estates). Die Schlüsselposition der

---

1) Vgl. City District Office, H.K.U.S.D., Mongkok, 1968
2) Vgl. H.K.Population and Housing Census,1977,:3 (Sex ratio: males to 1000 females: Hong Kong = 1,033, Kowloon = 1,059).
3) Vgl. T.G.McGee,1977,:98

weiblichen Strassenverkäufer hat sich bestätigt, sowohl in den untersuchten Markthallen, als auch in der Pei Ho Street. Dagegen gehört der Fleisch- und Fischverkauf immer noch in den Bereich der Männerarbeit: 95% der Arbeitskräfte an den Fisch- und Fleischverkaufsständen beider Markthallen (Nam Cheong Street und Upper Pak Tin Estate) sind Männer. In Sham Shui Po Sub-District sind 80% aller Fisch- und Fleisch-Strassenverkäufer männlichen Geschlechts. Die Tab. 4 und 5 zeigen ausserdem noch die starke Vertretung der männlichen Strassenverkäufer in der Non-Food-Branche und in den Strassenrestaurants (cooked food stalls) und Imbiss-Verkaufsständen.

Tab. 4   Prozentuale Vertretung der Strassenverkäufer nach Geschlecht und Verkaufsbranche

Branche	a	M	F	b	M	F	c	M	F	d	M	F
Obst, Gemüse, Lebensmittel		42%	58%		30%	70%		42%	58%		48%	52%
Strassenrestaurants		67%	33%		59%	41%		65%	35%		69%	31%
Non-Food-Sektor		69%	31%		61%	39%		62%	38%		64%	36%

a) eigene Untersuchung, b) T.G. McGee, 1970, c) L.C.A.Lu, 1972
d) H.K. Resettl. Dept., 1969

Methodisch müsste man sich bei einer statistisch nicht anfechtbaren Befragung strikte an die bereits bekannte Verhältniszahl der männlichen zu den weiblichen Strassenverkäufern halten. Es zeigt sich aber, dass die grössere Gesprächsbereitschaft der männlichen Strassenverkäufer und die starke Fluktuation ein solches Vorgehen verhindert haben. Bei den Interviews von Strassenverkäufer-Ehepaaren oder Geschwistern haben jeweils nur die Männer geantwortet, was wohl auf die traditionelle Rollenverteilung der Geschlechter zurückzuführen ist. Im Rahmen der Untersuchung unterzogen sich in der Nam Cheong Street Markthalle 27 weibliche- und 33 männliche Strassenverkäufer einem Interview. In der Upper Pak Tin Estate Markthalle waren es 20 Männer und 20 Frauen. In der Pei Ho Street wurden 248 Männer und 203 Frauen befragt.[1]

Zu einer Veränderung innerhalb der Zusammensetzung der Strassenverkäufer-Gemeinde ist es in den fünfziger Jahren gekommen. Der forcierte Aufbau der leichten Industrie und der damit verbundene Aufschwung der Bauindustrie haben einen grossen Teil der jungen Männer dazu gebracht, aus dem Strassenverkäufer-Beruf auszusteigen. In das so entstandene Vakuum sind allmählich die Frauen eingesprungen. Heute scheint diese Entwicklung bereits zum Stillstand gekommen zu sein, denn die bestehende Sexualproportion im Strassenhandel ist für die nächste Zukunft fixiert.

Tab. 5 Befragte Strassenverkäufer nach Branchen und Geschlecht[1]

Branche	Anzahl der Strassenverkäufer					
	Nam Cheong Street		Upper Pak Tin Est.		Pei Ho Street	
	F	M	F	M	F	M
Gemüse	7	3	3	0	183	123
Obst	13	6	6	1	177	77
Restaurants	1	1	-	-	22	22
Geflügel	2	2	2	2	5	5
Kleidung	5	1	2	0	47	10
Lebensmittel	13	8	7	5	-	-
Apotheke/Drogerie	3	2	4	2	2	1
Blumen	1	0	-	-	-	-
Fische	3	3	2	2	-	-
Fleisch	4	4	5	5	-	-
Schuhe/Schirme	3	2	2	0	-	-
Spielzeug/Papier	2	0	4	0	-	-
Keramik	1	0	-	-	-	-
Zeitungen	1	1	1	1	-	-
Dienstleistungen	-	-	-	-	8	8
Elektroartikel	-	-	2	2	-	-
TOTAL	60	33	40	20	451	248

1) Vgl. Fragebogen A.1

In bestimmten Branchen, wie im Fleisch- und Fischhandel, werden die Frauen wohl auch in Zukunft kaum prozentuale Gewinne zu verzeichnen haben. Schliesslich bildet der Strassenverkauf speziell für verheiratete, ältere Frauen eine willkommene Beschäftigung, weil sie sonst am angespannten Arbeitsmarkt kaum eine Chance haben, Arbeit zu erhalten. Auch ist der Strassenverkauf - wegen der spezifischen Arbeitsteilung und Arbeitszeitgestaltung - besonders gut geeignet für diese Bevölkerungsgruppe.

A.1 Fragebogen
Strassenverkäuferumfrage

1. Shop Number: 1.a) Male: Female:
2. Commodity Sold:
3. Daily turnover:
4. Daily turnover befor removal:
6. Home address:
7. How many persons work in your shop?:
   Are they family members?:
8. How many hours a day do you spend in your shop?:
9. Time consumed daily(weekly) in supply acquisition?:
10. Location of your supply source:
11. How often do you go to your major supply source?:
    Daily: Weekly: Monthly:
12. Type of transportation of the goods from the supplier:
13. Net profit per man-day (Daily earning):
14. The busiest hours: a.m.   p.m.
15. For how many years have you been operating here?:
16. Do you consider your existing shop-space large enough for keeping stock and dealing with customers?
    Yes: No:

9.1. Altersklassen der Strassenverkäufer

So wie die Sexualproportion im Strassenhandel, ist auch die Vertretung der einzelnen Altersklassen von Verkaufsbranche und Verkaufszeit abhängig. Am Beispiel der Zeitungsverkäufer in der Pei Ho Street und in den Markthallen Nam Cheong Street und Upper Pak Tin Estate lässt sich die starke Vertretung der über 50 jährigen (66,7%) besonders gut ablesen. Der Zeitungsverkauf ist eine weniger arbeitsintensive Strassenverkäufer-Tätigkeit, die kein Eigenkapital und keine beruflichen Kenntnisse verlangt. Für die Zeitungs-Strassenverkäufer mag sich das Bild des Strassenverkäufer-Berufes als das einer Flüchtlingsexistenz bewahrheiten.

Tab. 6   Prozentuale Vertretung der Strassenverkäufer nach Alter und Branche

Altersklasse	I	II	III	
Branche	unter 30. J.	30-50 J.	50 J.u.mehr	alle Altersklassen
Gemüse, Obst	20,3%	62,0%	17,7%	35,0%
Fleisch, Fisch	25,5%	47,0%	27,5%	3,2%
Imbiss, Rest.	10,2%	62,3%	27,5%	4,41%
Textil	24,0%	63,4%	12,6%	9,8%
Zeitungen	13,0%	20,3%	66,7%	1,2%
Andere				46,3%

Wie es Tab. 6 dokumentiert, sind die Strassenverkäufer der Altersklasse "30-50 jährige" in den Branchen Fleisch, Fisch, Geflügel, Strassenrestaurants, Imbiss, Textil im Strassenverkauf und in den Markthallen entscheidend vertreten. Hier ist Organisationstalent und gut ausgebaute Kontakte zu den Lieferanten und Zwischenhändlern Voraussetzung. Aeltere Strassenverkäufer, vor allem Männer, sind auch in kapitalintensiveren Branchen anzutreffen, so z.B. beim Verkauf von Haushaltartikeln. In der Pei Ho Street gehören ca. 51% aller untersuchten, am Tage verkaufenden Strassenverkäufer, der mittleren Altersklasse an: 30-50 jährige. Es ist die wichtigste Altersklasse der aktiven Arbeitsbevölkerung. Aufschlussreich ist ein Vergleich mit dem modernen kommerziellen Sektor in Hong Kong.[1] An ihm beteiligt sich die mittle-

---
1) Vgl. H.K.Population Census,1966,1971

re Altersklasse mit 50,6%. Da weder die Altersklasse I noch die Altersklasse II bei der Mehrheit der Strassenverkäufer überwiegt, hat sich die Einstufung der Strassenverkäufer in den marginalen Teil des urbanen Arbeitsmarktes[1] dadurch teilweise als falsch erwiesen. 45,3% aller selbständig Erwerbenden in Hong Kong sind 40-54 Jahre alt.[2] Dieser Vergleich signalisiert, dass dieselbe Altersklasse, welche das Rückgrat des modernen Wirtschaftssektors in Hong Kong bildet, bei den Strassenverkäufern von ebenmässiger Bedeutung ist. Die vorliegende Untersuchung in Cheung Sha Wan, K.P.A.5. und Shek Kip Mei, K.P.A.4. zeigt, dass die Strassenverkäufer-Gemeinde nicht unter einer Ueberalterung zu leiden hat, die von vermeintlicher Marginalität herrührt. Die gelegentlich schwächere Vertretung der jungen Altersklasse, der unter 30 jährigen, muss aber nicht gleich bedeuten, "that hawker profession is not recruiting many full-time operatives."[3] Die definitive Antwort auf diese wichtige Frage kann nur eine detaillierte Analyse der Arbeitsteilung innerhalb der einzelnen Strassenverkaufstypen und insbesondere die Beteiligung der Familienmitglieder geben. Die Strassenverkäufer der ersten Altersklasse, der unter 30 jährigen, sind stets dort anzutreffen, wo die Modernisierung des Strassenverkaufs (Verbesserung des Innenausbaus und der materiellen Ausstattung) die grössten Fortschritte erreicht hat. Die Fleisch-, Fisch- und Geflügelverkaufsstände mit ihren teuren Einrichtungen (Kühlschränke, Arbeitstische mit Zubehör, Wasser- und Elektroinstallationen) sind arbeitsintensive Verkaufsstandorte, die eine Kollektivarbeit auf einem bestimmten fachlichen Ni-

---

1) "Marginalität, nach R.E.Park (1928) Bezeichnung für die Situation von Individuen und (Unter-)Gruppen,die eine Position "am Rande" einer Gruppe, einer sozialen Klasse oder Schicht, einer Gesellschaft usw. innehaben. Marginale Individuen leiden im allgemeinen unter Normen- und Rollenkonflikten, Statusunsicherheit und Desorientierung und werden häufig diskriminiert und wirtschaftlich benachteiligt.",H.Wienold,1970. Siehe auch J.Sumpf,1972; W.Bernsdorf,1969
2) Vgl. H.K.Population Census,1978,Tab. 8
3) Siehe T.G.McGee,1973,:156

veau voraussetzen und dem Strassenverkäufer ein höheres Einkommen garantieren. Solche arbeits- und kapitalintensive Strassenverkaufsstände sind jeweils im Besitz mehrerer Familien. In den Markthallen sind solche Verkaufsstandorte eigentlich sehr in die Nähe der Gruppe Läden des modernen Verteilernetzes gerückt.

Den Nachtverkauf bevorzugen im Strassenmarkt von Mongkok ältere Jahrgänge. In den älteren Wohnanlagen ist dies hingegen weniger festgestellt worden.

Schon in der Vergangenheit wurden die Strassenverkäufer-Altersklassen in Hong Kong mit denjenigen anderer SE-asiatischer Grossstädte verglichen. In Kuala Lumpur, Malaysia z.B. bildet die Altersklasse der 21-30 jährigen die zahlenmässig stärkste Gruppe. Aehnlich verhält es sich auch im indonesischen Bandung, wo die unter 40 jährigen Strassenverkäufer in der Mehrheit sind.[1]

9.2. Dienstjahre der Strassenverkäufer

Die Angaben über die Gesamtdauer der individuellen Strassenverkäufer-Aktivitäten (Dienstjahre) besitzen einen hohen Aussagewert, besonders in Verbindung mit anderem demographischem Material; sie machen die sozial-räumliche Situation des Strassenverkäufers mit derjenigen anderer Sozialgruppen vergleichbar.

Bei den befragten Strassenverkäufern, welche in die Nam Cheong Street Markthalle umgesiedelt worden sind, liegt die durchschnittliche Gesamtdauer ihrer Aktivitäten wie folgt:

- bei 27 befragten weiblichen Strassenverkäufern: 14,3 Jahre
- bei 33 befragten männlichen Strassenverkäufern: 16,6 Jahre

In der älteren Upper Pak Tin Estate Markthalle beträgt die

---

[1] Vgl. T.G.McGee und Y.M.Yeung,1977,:98

durchschnittliche Gesamtdauer der Strassenverkäufer-Aktivitäten (Dienstjahre):

- bei 20 befragten weiblichen Strassenverkäufern: 14,2 Jahre
- bei 20 befragten männlichen Strassenverkäufern: 14,3 Jahre

Beide Markthallen beherbergen mehrheitlich ehemalige Umsiedlungs-Strassenverkäufer (resettlement hawkers), deren durchschnittliche Dienstjahre 1969 deutlich unter 14 Jahren lagen.[1] Die festgestellten durchschnittlichen Dienstjahre der Markthallen-Verkäufer liegen durchaus unter denjenigen der Strassenverkäufer-Gemeinde auf der Insel Hong Kong, wo es sich um ältere Strassenmärkte und Markthallen handelt innerhalb der Vorkriegsverbauungen. Die dortigen Strassenverkäufer haben im Durchschnitt mehr als 16 Jahre hinter sich. 36% der Hongkonger Strassenverkäufer-Gemeinde waren weniger als 10 Jahre im Beruf tätig; 48% arbeiteten 11-25 Jahre und nur 16% der Strassenverkäufer in Hong Kong gehören zu den längsten in SE-Asien. In Jakarta, Bandung, aber auch in Baguio liegt die durchschnittliche Gesamtdauer der Strassenverkäufer-Aktivitäten unter drei Jahren. Diese niedrige Zahl ist auf die enorm hohe Landflucht, vor allem der jüngeren Jahrgänge, zurückzuführen. (Siehe Tab. 7).

Tab. 7 Durchschnittliche Gesamtdauer der
        Strassenverkäufer-Aktivitäten

Dienstjahre	a Sham Shui Po	b Jakarta	b Kuala Lumpur	b Manila
unter 1 Jahr	6%	32%	15%	17%
1 - 3 Jahre	7%	34%	32%	22%
4 - 10 Jahre	22%	26%	34%	31%
11 Jahre u.mehr	63%	8%	19%	31%
Keine Information	2%	-	-	-
a) eigene Untersuchung, b) T.G. McGee & Y.M. Yeung, 1977,:99,Tab.26				

---

1) Vgl. Resettlement Survey,H.K.,1969

Die hohe durchschnittliche Gesamtdauer der Strassenverkäufer-
Aktivitäten in den ältesten städtischen Verdichtungsräumen
von Hong Kong und Kowloon, wie Wan Chai, Yau Ma Tei oder
Mongkok, ist ein Beweis für die grosse Persistenz der Strassenverkäufer-Gemeinde - und dies trotz dem Aufkommen der modernen Distributionsformen und der angestrebten Dezentralisation, samt Folgeerscheinungen.[1]

Interessant sind die Umfrageresultate bei den umgesiedelten
Strassenverkäufern und Ladenbesitzern in Shek Kip Mei. Die
Umsiedlungsaktion wurde 1973 gestartet und in den Phasen I,
IA, II und III, 1976 zum erfolgreichen Abschluss geführt.[2]
119 Verkaufsstände wurden umgesiedelt und 102 von diesen umgesiedelten Ladenbesitzern wurden interviewt. Auffallend ist
der hohe Prozentsatz (96,6%) unter den Befragten mit einer
unter drei Jahren liegenden durchschnittlichen Gesamtdauer
ihrer Verkaufsaktivitäten, was auch mit der Zahl von Neuer-
öffnungen korreliert (14,3%). Dies ist eine Folgeerscheinung
der gestiegenen Mietspreise, die einen steten Besitzerwechsel
herbeibeschwören.[3]

9.3. Familienmitarbeit und Kinderarbeit

Generell ist der Strassenhandel (hawking) eine Tätigkeit, die
die Mitarbeit der ganzen Familie verlangt, Kinderarbeit ein-
geschlossen. Diese Mitarbeit kann entweder unmittelbar - durch
tatkräftige Mithilfe am Verkaufsstand, oder mittelbar sein -
in Form von Darlehen und Krediten. Bei der Eröffnung einer
Strassenverkaufseinheit steht einem Strassenverkäufer oft die
kollektive Hilfe der Verwandtschaft oder gar der Freunde zur
Verfügung, die in Form von Darlehen mit niedrigem Zinssatz
mithelfen. Die Darlehen werden dann durch die Beteiligung an
der Standortrendite abgetragen. Durch die Beteiligung der Ver-

---

1) Vgl. C.K.Leung,1980;V.F.S.Sit,1980;K.S.Pun,1979
2) Siehe Tab.19
3) Vgl. Report on the survey of shop tenants relocated from L.S.K.M,H.A.,1979

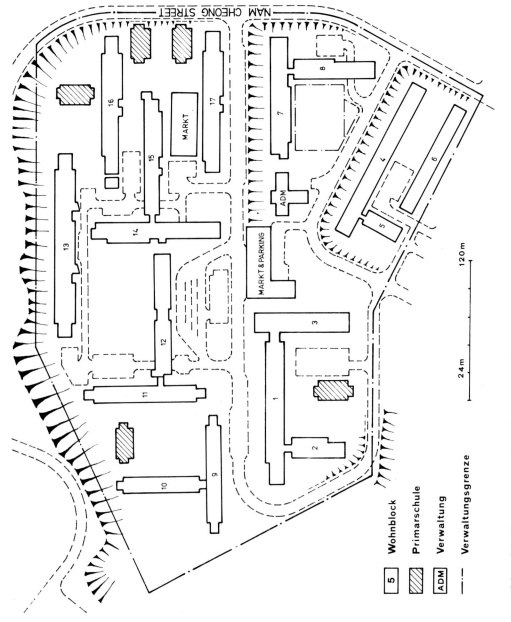

Abb. 12 Upper Pak Tin Estate und Lower Pak Tin Estate

wandtschaft entstehen für den Strassenverkäufer grössere Sicherheiten im Strassenhandelswettbewerb.[1]

Leider lassen die offiziellen Berichte über die Strassenverkäufer-Gemeinde in Hong Kong die wichtige Frage der Beteiligung der Familienangehörigen der Strassenverkäufer an ihren Aktivitäten ausser Acht. Es wird lediglich angeführt, dass ca. 83% aller Strassenverkäufer der Hong Kong-Kowloon-Metropolitan Area verheiratet sind.[2] In der Pei Ho Street sind von 451 befragten Strassenverkäufern nur 15% keine Familienbetriebe. Diese 15% organisieren sich sehr oft auf Partnerschaftsbasis - ein Strassenverkäufer verpachtet einen Teil seiner Verkaufs- und Lagerfläche einem anderen Arbeitskollegen, der dadurch eine zusätzliche Verkaufsfläche gewinnt. Die Strassenrestaurants (cooked food stalls) befinden sich oft, da sie einen grösseren Kapitalaufwand verlangen, im Besitz mehrerer Familien. Oefters übernehmen die nächsten Nachbarn während der Abwesenheit eines Strassenverkäufers (z.B. Warentransport) Ueberwachungsfunktionen. Der Fisch-, Fleisch- und Geflügelverkauf untersteht in der Tat noch immer weitgehend dem Familienbetrieb. Solches hat sich in beiden Markthallen bestätigt. Im Alleingang arbeiten aber fast ausschliesslich die dienstleistenden Strassenhändler: Barbers, Schuhmacher, Elektriker, Imbiss-Strassenverkäufer und die ambulanten Strassenverkäufer mit wechselnden Artikeln, je nach Bedarf mit Sonnenbrillen, Regenschirmen usw.

In der Nam Cheong Street Markthalle sind durchschnittlich bis zu drei Personen pro Verkaufsstelle tätig, und in der Upper Pak Tin Estate Markthalle (die Läden des Blocks 17 inbegriffen)[3] sind es durchschnittlich zwei Personen pro Verkaufsstand. Die Gemüse- und Obst-Strassenverkäufer arbeiten gewöhnlich alleine. Anders ist es bei Fleisch- und Fisch-Strassen-

---

1) Vgl. C.F.Chia,1954
2) Vgl. Resettlement Survey,1969
3) Siehe Abb.12,Grundrissplan:Upper Pak Tin and Lower Pak Tin Estate

verkäufern, wo in der Nam Cheong Street Markthalle pro Verkaufsstelle 5 Personen - und in der Upper Pak Tin Estate Markthalle pro Verkaufsstelle 9 Personen tätig sind. Die Zahlen, betreffs Belegschaft, sind viel höher als diejenigen von 1971, die dem Field Survey der Chinesischen Universität H.K. zu entnehmen sind. Damals waren die Belegschaftszahlen pro Verkaufsstelle bedeutend niedriger:

Fleisch: 2 Personen
Obst und Gemüse: 1 Person
Fisch: 1 Person
Haushaltartikel: 1 Person
Zeitungen: 1 Person

Die festgestellte Erhöhung der Belegschaftszahlen hängt zusammen mit der Vergrösserung der Verkaufsflächen und mit der besseren materiellen Ausstattung der Verkaufseinheiten. Es kommt oft vor, dass schulpflichtige Kinder und Ehehälften der jeweiligen Strassenverkäufer aushelfen, besonders in der Verkaufsspitze. Während der Schulferien kann man gelegentlich ausser den Erwachsenen auch Kinder als ambulante Strassenverkäufer und Stellvertreter antreffen, obwohl es die Gesetzgebung verbietet. Dabei muss man wohl bemerken, dass diese Mitarbeit eher zeitraubend als physisch anstrengend ist, im Vergleich mit der illegalen Beschäftigung der Kinder und Jugendlichen in den industriellen Kleinbetrieben oder in der Heimarbeit.[1] Im Verlauf von sechs Monaten[2] kam es, unserer Beobachtung nach, weder in den Markthallen in der Nam Cheong Street und im Upper Pak Tin Estate, noch im Strassenmarkt in der Pei Ho Street zu regelmässigem, gar massivem Einsatz von Kindern als Arbeitskräfte. Die Kontrolle ist offenbar in dieser Hinsicht scharf genug, um solche, einmal sehr frequentierte, Exzesse zu verhindern.

---

1) "No child under the age of 14 is allowed to be employed in the industry;- overtime employment for young people aged 14 and 15 is prohibited;-women and young people aged 14 to 17 are permitted to work a maximum of eight hours a day and 48 hours a week...", Factories and industrial undertakings ordinance; V.F.S.Sit,1979,:79
2) 27. April - 27. Oktober 1980

10. GRÖSSE UND AUSSTATTUNG DER STRASSENVERKAUFSSTÄNDE

10.1. Die Grösse der Strassenverkaufsstände ist durch genaue Anordnungen limitiert: "No hawker shall carry business from:

a) Cooked food stall that exceeds 7 feet by 4 feet in horizontal area or 10 feet in height, or

b) A fixed pitch stall that exceeds:

b)1. Where the stall is provided by the hawker and situated in the open, 4 feet by 3 feet in horizontal area, 6 feet in height at the front and 5 feet in height at the back."[1)]

Ein fester Strassenverkaufsstand (fixed pitch), also ein Standardverkaufsstand, hat eine Gesamtfläche von $1,116 m^2$ (91,5 x 122 cm). In der Regel wird aber jede Seite um ca. 30,5 cm (1 feet) vergrössert, daraus resultiert die gängige Standardfläche von $1,860 m^2$.[2)] Andererseits soll man ca. $4,645 m^2$ Verkaufsfläche für einen Basar-Verkaufsstand (hawker-bazaar-stall) rechnen und ca. $21,367 m^2$ Verkaufsfläche für einen Kleinladen (shop, retail market stall).[3)] Die durchschnittliche Gesamtfläche eines Verkaufsstandes in einer öffentlichen Markthalle auf der Hong Kong-Seite hat die Grösse von $24,619 m^2$ (shop, Laden), auf der Kowloon-Seite hingegen ist sie viel geringer und beträgt nur $18,116 m^2$.[3)]

Am günstigsten gestaltet sich die Gesamtlänge der Verkaufsfront bei isoliert stehenden Strassenverkäufern, die dadurch eine fast gleichlange Frontseite erhalten, wie es bei kleinen Läden der Fall ist. In den Markthallen bleibt den Strassenverkäufern nur eine Seite der Verkaufsfläche frei, da sie in Kojen (bays) untergebracht sind. Diese freie Seite wird hauptsächlich an den strategisch günstigen Punkten (Kreuzungen, Gangende usw.) künstlich vergrössert.[4)] Auch auf der

---

1) Vgl. Hawker N.T.Regulations,1978,:Cap.132,:24 (1)
2) Vgl. Report,Urban Service Department,Hawker and Market Section,1972
3) Vgl. F.Y.Tse,1974,III,:212 f.
4) Siehe Abb. 13

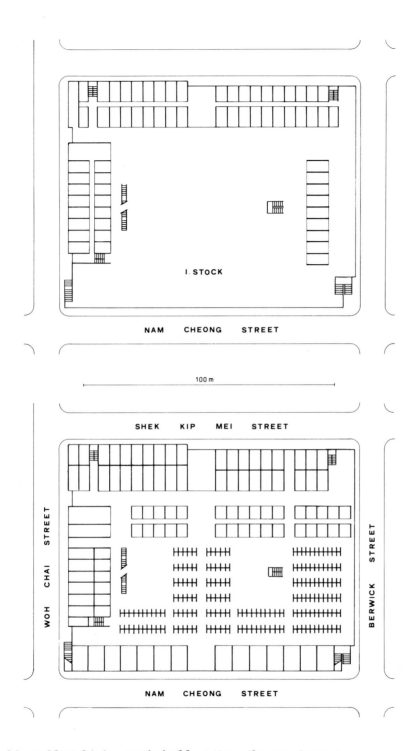

Abb. 13 Oeffentliche Markthalle, Nam Cheong Street

Strasse versucht jeder Strassenverkäufer, ob legal oder illegal, seine Verkaufsfläche zu vergrössern, um damit seine Position innerhalb der Strassenverkäufer-Anordnung verbessern zu können.[1] Bei den Läden in den B-Wohnanlagen (resettlement estates) ist die Frontseite ca. 3,355 m lang, in den alten städtischen Verdichtungsräumen, North Point, Wanchai, Mongkok ca. 6,100 m.[2] In der Nam Cheong Street Markthalle sind insbesondere die Strassenverkäufer an der äussersten Seite des jeweiligen Blocks der zusammenhängenden Verkaufsstandorte, Kojen (bays), ständig bemüht, ihre Ware auf zusätzlichen Gestellen auszubreiten, um so die Aufmerksamkeit der Kunden auf sich zu lenken. Die Kontrollorgane in der Markthalle scheinen aber diesem sehr verbreiteten "Vergehen" eine gewisse Toleranz entgegenzubringen, da sie selber genau wissen, dass die Verkaufsstandorte zu klein sind. Die Mehrheit der Strassenverkäufer versucht durch das Anbringen von zusätzlichen Verkaufsflächen, ihre gesetzlich vorgeschriebene Verkaufsfläche zu vergrössern. So z.B. sind aufgeklappte Bretter an den festen Verkaufsständen (fixed pitch stalls) oder an den Strassenrestaurants ein wirkliches Hindernis für die Fussgänger. Wenn man in Betracht zieht, dass 1'680 m der Strassen auf der Insel Hong Kong und 5'420 m in Kowloon durch (legale) Strassenverkäufer belegt sind, so versteht man das Festhalten der Hawker Control Force an der vorgeschriebenen materiellen Ausrüstung der Strassenverkaufsstände.[3]

Ende 1956 bis Anfang 1957 wurde im vorliegenden Untersuchungsgebiet Sham Shui Po, in der Maple Street ein interessanter, doch recht einfacher Versuch durchgeführt, welcher die richtig angemessene Standortfläche des jeweiligen Strassen-

---

1) Vgl. L.J.Wood,1974,:23 ff.
2) Vgl. Colony Outline Plan,Book III,1970,:148,Tab.328,3.29
3) Vgl. Planning Report,Survey of Hawker and Market Stalls,T.P.O.,1974

restaurants[1] festlegen sollte. Jede, dem Strassenverkäufer versuchsweise eingeräumte Verkaufsfläche wurde von ihm in Minutenschnelle besetzt, d.h. mit Stühlen und Tischen belegt. So hatten einige Strassenverkäufer bis zu 5 Tische aufgestellt. Nach diesem Versuch kam das Urban Council zum Schluss, dass mehr als zwei Tische pro Strassenrestaurant nicht möglich seien, da sonst der Fussgängerstrom auf den Trottoirs aufgehalten würde. Daraus schlossen die Planungsbeamten: "If tables were to be allowed in special cases, the decision to allow or disallow would nearly always be open to criticism. It is therefore considered that the law should not be amended to permit any tables..."[2]

Die Standardfläche eines Strassenrestaurants (cooked food stall) beträgt 2,60 m^2 (2,135 x 1,220 m = 7 x 4 feet) und die vorgeschriebene Höhe ist max. 3,05 m (10 feet).[3]

Tab. 8 Verkaufsfläche-Richtlinien (pro Kopf der Wohnbevölkerung) für den kommerziellen Sektor in Hong Kong

Verkaufseinheit	H.K.Outline Plan Standards m^2/Kopf	Bemerkungen
Läden	0,16-0,34 (netto)	
Markthalle	0,06	Non-Food
Markthalle	0,10	Lebensmittel
Läden	0,28-0,50	Privat.Wohnanlage
Strassenrest.	kein Standard	1 Rest./10^3 Personen
Dienstleist. Verkaufseinheiten	0,05	in Fabrik-Blocks

---

1) Die Zusammensetzung der Strassenrestaurants war damals folgende: 20% Speise-Imbiss, 27% Kaffee, 32% Imbiss-Nudeln, 20% Imbiss-Gelee, 1% andere
2) Vgl. Hawkers,A Report,Urban Council,H.K.1957,:11 f.
3) Siehe Abb. 14

Die Richtlinien für die Grösse der durchschnittlichen Verkaufsfläche pro Kopf der Wohnbevölkerung in Hong Kong zeigen am klarsten den überaus niedrigen Flächenstandard des Verteilernetzes in der Kronkolonie.[1]

Eine Verbesserung des ungenügenden Verkaufsflächenangebotes innerhalb der Verteilernetze der urbanen Verdichtungsräume könnte im allgemeinen erfolgen durch:

a) Vergrössern und Intensivieren der Verteilernetze in den A- und B-Wohnanlagen. Zulassung zusätzlicher Strassenmärkte in den Wohnanlagen.

b) Neben den bestehenden öffentlichen Markthallen ausserhalb der Wohnanlagen sollten zusätzliche Strassenmärkte und Basare aufgebaut werden.

c) Bessere Ausstattung der öffentlichen Markthallen, die eine bessere Flächennutzung in den oberen, sehr unbeliebten Stockwerken der Markthallen erlauben würde.

d) Grosszügigere Umsiedlungspolitik, die eine schrittweise Abzahlung der Umsiedlungsgebühren erlauben würde. Diese Gebühren, die im Jahr bis ca. 1'000 H.K.$ ausmachen, belasten den individuellen Strassenverkäufer nämlich sehr.

e) Ausarbeiten eines neuen Lizenz-Tarifs für die Benutzer der Verkaufsstände in den öffentlichen Markthallen, was den Strassenverkäufern eine höhere Standortrendite erlauben würde.

10.2. Materielle Ausstattung der Strassenverkaufsstände

Die dualistische Theorie nimmt an, dass der Strassenverkäufer unfähig sei, die materielle Ausstattung seines Verkaufsstandes zu verbessern, um dadurch eine Angleichung an den Ausstattungsstandard der Läden des modernen Verteilernetzes erreichen zu können.

Die Hawker and Market Section des Urban Service Department bestimmt genau, welcher Art und welcher Qualität die materielle Grundausstattung der verschiedenen Strassenverkäufer-

---

[1] Eigene Aufbereitung aus unveröffentlichtem Material:H.K.O.P.Standards, Planning Section,Housing Dept.,1980,:PO 2,:1 f.

Standorte sein soll.[1]

Die Abb. 14 zeigt die in Hong Kong gängigen Grundtypen der Strassenverkaufsstände. Das Gerüst der Strassenverkaufsstände besteht aus Holz. Dieser Rahmen wird mit Aluminiumblechplatten oder -Streifen belegt und mit Nägeln oder Schrauben befestigt. Die Strassenverkaufsstände müssen aber je nach Bedarf in ihre einzelnen Bestandteile zerlegbar sein, um den Transport von einem zum anderen Verkaufsstandort zu erleichtern. Insofern Holz ausschliesslich als Baumaterial verwendet wird, gehört ein weisser Schutzanstrich auf die Grund- und Oberplatte des Strassenverkaufsstandes. Der Strassenzeitungs-Verkaufsstand soll leicht zusammenklappbar- und transportabel sein (105 x 160 cm). Die Zeitungen und Zeitschriften werden deshalb oft direkt auf dem Trottoir ausgebreitet. Auch die Grösse und Form der Schuhputzkästchen ist in den Bestimmungen genau beschrieben. Bei den Strassenrestaurants soll auf dem Dach eine Ventilationsöffnung angebracht sein und zusätzlich gehören dazu: 2 Holzbänke (213,5 x 30,5 cm), Metallbehälter für die Abfälle, Wasserbehälter mit einem Inhalt zwischen 90-227,5 l, der Kocher mit der dazugehörenden Gasbombe und einem Inhalt von ca. 20 l. Ein Strassenrestaurant ist mit vier Rädern ausgerüstet, die einem Gewicht von 363 kg standhalten müssen, und die beweglich, d.h. intakt sein müssen. Die Seiten des Strassenrestaurant-Verkaufsstandes müssen vier zusammenklappbare Platten aufweisen, die nachtsüber hochgeklappt werden können.

Die Qualität und Quantität der materiellen Ausstattung der Strassenverkaufsstände kann mit Hilfe von gewählten Indikatoren bewertet werden. Die vorliegende Untersuchung benützte folgende Indikatoren: Elektrische Beleuchtungskörper, Ventilatoren, Kühlschränke und Telefon.

a) Beleuchtungskörper: In den öffentlichen Markthallen, in der Nam

---

[1] Vgl. Hawker Regulations,1978,Cap.132

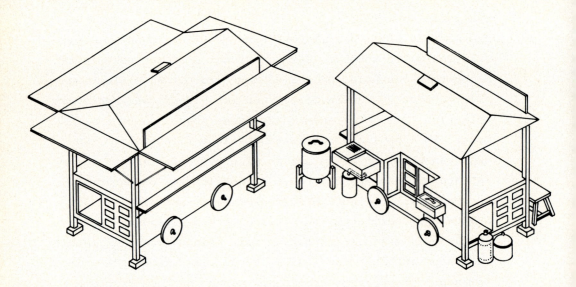

a. **Strassenrestaurant**
von vorne

b. **Strassenrestaurant**
von hinten

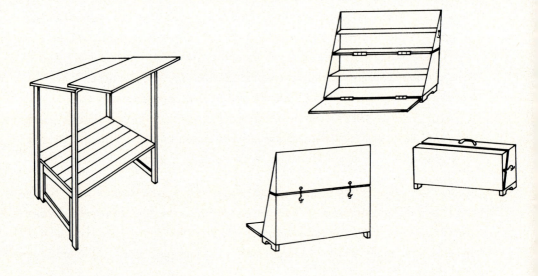

c. **Fester Strassenverkaufsstand**

d. **Zeitungsverkaufsstand**

Abb. 14 Grundtypen der Strassenverkaufsstände

Cheong Street und der Upper Pak Tin Wohnanlage sind alle Verkaufsstände mit elektrischem Licht ausgerüstet (1 bis 2 Lampen pro Verkaufsstand), wobei die grösste Anzahl an elektrischen Beleuchtungskörpern bei den 9 Fleisch- und bei den 5 Fisch-Verkäufern vorzufinden ist (5 Lampen pro Verkaufsstand). In der Pei Ho Street sind alle festen Verkaufsstände elektrifiziert. Die mobilen Strassenverkäufer nützen die öffentliche Beleuchtung aus, einige haben Batterielampen und Gaslampen und zusätzlich das Licht aus den festen Läden. Die am besten beleuchteten Verkaufsstände in der Pei Ho Street sind die 22 Strassenrestaurants.[1]

b) Telefon: In der Nam Cheong Street Markthalle besitzen 45% aller Strassenverkäufer ein Telefon und in der Upper Pak Tin Estate Markthalle 40%. Von 451 befragten Strassenverkäufern in der Pei Ho Street besitzen lediglich 9% ein Telefon und dies vor allem die Strassenrestaurants, Haushaltartikel-, Schuh- und Konfektionsverkaufsstände. Alle grossen Läden der Nam Cheong Street Markthalle, welche der Strasse zugewandt sind, haben ein Telefon. Beim Indikator Telefon ist es angebracht zu erwähnen, dass von 63 befragten Familien (low income families) von Cheung Sha Wan, Sham Shui Po, Shek Kip Mei Est. und Pak Tin Estate, alle, also auch die mit dem niedrigsten Einkommen, ein Telefon haben! Das Telefon ist offenbar in den Verdichtungsräumen von Hong Kong, wo die gegenseitigen Besuche der Familien erschwert sind, zum Kommunikationsmittel par excellence geworden.

c) Ventilator: In den untersuchten öffentlichen Markthallen ist in 64 Verkaufsständen ein Ventilator aufgestellt. In den grossflächigen, der Strasse zugewandten Läden, stehen mehrere Ventilatoren (2-3), welche allerdings nur in der Zeit der Verkaufsspitze eingeschaltet werden. In der Pei Ho Street haben 8 von 22 Strassenrestaurants einen Ventilator.

---

1) Vgl. Tab. 5

d) Kühlschränke: In der Pei Ho Street benützen die Obst-Strassenverkäufer, Fisch- und Erfrischungsgetränke-Verkäufer künstliches Eis zur Kühlung der leicht verderblichen Ware. In den untersuchten Markthallen besitzen alle 5 Fisch- und 9 Fleisch-Verkäufer einen Kühlschrank oder mehrere Kühltruhen. Bei den Obst-Verkaufsständen haben 7 von 19 einen Kühlschrank, da sie zusätzlich noch Getränke verkaufen. Bei den Lebensmittel-Verkaufsständen besitzen 11 von 20 einen Kühlschrank.

Zusätzliche Verbesserungen der materiellen Ausstattung der einzelnen Verkaufsstände erlauben eine Bewerten der Innovationsbereitschaft eines Strassenverkäufers und ein Abschätzen seiner Standortrendite. 1971 wurde bei der Untersuchung der materiellen Ausstattung der Strassenverkaufsstände in Hong Kong und Kowloon eine viel geringere Zahl der Telefone, Ventilatoren und Kühlschränke vermerkt - etwa ein Drittel aller Lebensmittel-, Textil-Strassenverkäufer war mit Ventilatoren - und nur jeder zwanzigste Strassenverkäufer mit einem Telefon ausgerüstet.[1] Die Entwicklung dieser beider Indikatoren aus dem Bereich der materiellen Ausstattung der Strassenverkaufsstände zeigt hauptsächlich einen ausgleichenden Trend, der sich allmählich dem Niveau der materiellen Ausstattung der Läden des modernen Distributionssystems nähert.

Die Grösse und die materielle Ausstattung des jeweiligen Strassenverkaufsstandes hängen direkt mit der Art der Lagerung und dem Wert des Lagergutes zusammen. In beiden, gut überwachten Markthallen besteht die Tendenz, ein möglichst grosses Volumen an unverderblicher Ware im Verkaufsstand selbst zu lagern. Die geringen Gesamtflächen der Verkaufsstellen aber erlauben nur eine begrenzte Lagerung der Ware. Eine Ausnahme bilden die Fleisch-, Fisch- und Geflügel-Verkaufsstände, die ausnahmslos Kühlschränke und Lagerräume besitzen. Diese Branchen beanspruchen die grössten Verkaufsflächen, was wiederum die Lagerung grösserer Warenbestände begünstigt. Etwa ein Viertel aller befragten Textil-, Schuh- und Sport-

---

1) Vgl. F.Y.Tse,1974,I,:68

artikel-Strassenverkäufer bestätigen, dass sie ihre Ware zu Hause in ihren Wohnungen lagern. Die Gemüse- und Obst-Strassenverkäufer lagern die unverkaufte Ware in der Regel in der Markthalle, um sie am folgenden Tag - mit Wasser besprenkelt - zusammen mit dem frisch geholten Obst und Gemüse anzubieten. Trotz der illegal vergrösserten Standardverkaufsflächen von 1,86 m^2, ist der mobile Strassenverkauf in der Pei Ho Street im Rückzug begriffen, da er eine zu kleine Standortrendite abwirft. Die Frage der Lagerung steht also in einem kausalen Zusammenhang mit der Frage der Mobilität der einzelnen Strassenverkäufer.[1]

Die Verkaufsstände werden in der Pei Ho Street überwacht, wobei jeder einzelne Strassenverkäufer für den Lohn des Nachtwächters aufkommen muss, denn das Uebernachten im Verkaufsstand ist verboten: "No person shall sleep in a hawker stall..."[2] Die Strassenverkäufer mit einem festen Verkaufsstand schliessen ihre Stände oft in der Monsunzeit während der heftigen Nachmittagsregen. Das Fehlen von grösseren Lagerbeständen ermöglicht ihnen, sich ohne Furcht vor Diebstahl vom Strassenmarkt entfernen zu können.[3]

1973 stellte man fest, dass 60% aller befragten Strassenverkäufer einen Lagerbestand im Wert von durchschnittlich 150 H.K.$ im Verkaufsstand hatten und 7% sogar einen Lagerbestand im Wert von mehr als 1'200 H.K.$, was im jähen Kontrast zum täglichen Netto-Verkaufserlös von 10 H.K.$ pro Person (bei 66% der befragten Strassenverkäufer) steht. Ca. 33% aller Wandverkaufsstände (wall stalls) und ca. 20% aller festen Verkaufsstände (fixed pitch stalls) besassen einen Lagerbestand im Werte von über 2'000 H.K.$. Den höchsten Wert der Lagerbestände hatten die Strassenverkäufer auf der Insel Hong Kong, gefolgt von denjenigen in Mongkok und in den B-

---

1) Vgl. R.G.Knapp,1970,:344 ff.
2) Vgl. Hawker Regulations,1978,:T27
3) Vgl. Ho S.f.,1972,:183 ff.

Wohnanlagen (resettlement estates).[1)]

---

1) Vgl. T.G.McGee,1973,:96
Wir verzichteten auf eine Befragung der Strassenverkäufer punkto Wert des gelagerten Verkaufsgutes, da wir nach anfänglich schlechten Erfahrungen mit Fragen über das Einkommen und den täglichen Umsatz, eine ablehnende und betont vorsichtige Haltung der interviewten Strassenverkäufer provozierten. Diesbezüglich bin ich Dr. Y.K.Chan, The Chinese University of Hong Kong, Shatin N.T., Social Research Centre, zu grossem Dank verpflichtet, denn er riet uns, von solchen Fragen abzusehen und schlug andere Sozialindikatoren vor.

11. WOHNSTELLEN DER STRASSENVERKÄUFER UND PENDLERBEWEGUNGEN

Traditionell bemüht sich der Strassenverkäufer um eine Minimierung der Distanz zwischen seiner Wohn- und Arbeitsstelle, was sich in einem Zusammenlegen von Wohn- und Arbeitsstelle in den gleichen Distrikt oder gar Strassenzug äussert.[1] Dadurch können sich Familienmitglieder am Gang der Strassenverkaufs-Aktivitäten beteiligen. Gleichzeitig sind die Warenlager in den Wohnungen leicht erreichbar. Besonders für weibliche Strassenverkäufer ist eine günstige Erreichbarkeit der Wohn- bzw. Arbeitsstelle von grosser Bedeutung, vermögen sie doch so in den Verkaufspausen, rasch ihren Haushalttätigkeiten nachzugehen.

11.1. Wohnstellen der Strassenverkäufer

Die Untersuchung der Strassenverkäufer-Wohnstellen ergab folgendes Bild:

11.1.1. Nam Cheong Street Markthalle

20 der befragten Strassenverkäufer in der Nam Cheong Street Markthalle wohnen im Shek Kip Mei Estate, 21 im Pak Tin Estate; d.h. 41% aller befragten Strassenverkäufer wohnen in Shek Kip Mei, K.P.A.4. Die restlichen 19 Strassenverkäufer in der Nam Cheong Street Markthalle haben ihren Wohnsitz abseits des Distrikts, in welchem sich die Markthalle befindet.[2]

---

1) Vgl. Y.M.Yeung,1974,:147 ff.
2) Wohndistrikte der befragten Strassenverkäufer. Siehe Abb.15
6 Strassenverkäufer: Cheung Sha Wan,K.P.A.5; 2 Lei Cheng Uk Estate; 1 Hung Hom,K.P.A.9; 1 Kowloon City,K.P.A.17; 1 Tsz Wan Shan,K.P.A.11; 1 Mongkok, K.P.A.7; 1 Ngau Tau Kok (Cottage area),K.P.A.13; 1 Ho Man Tin,K.P.A.6; 1 Choi Wan Estate,K.P.A.13; 1 Wang Tau Hom Estate,K.P.A.18; 1 Yau Tong Estate,K.P.A.15; 1 Shek Yam Estate,N.T.; 1 Kwai Ching Estate,N.T.; 1 Shek Lei Estate,N.T.

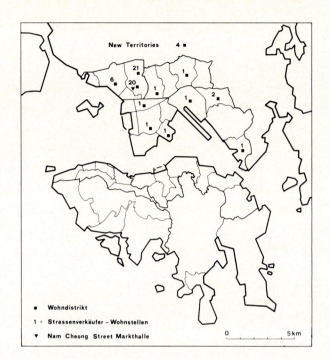

Abb. 15 Wohndistrikte der Befragten, Nam Cheong Street Markhalle

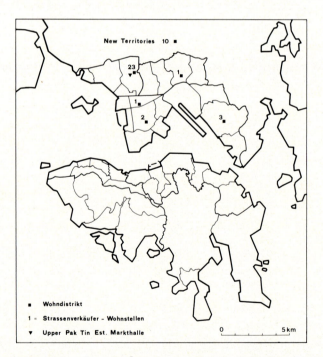

Abb. 16 Wohndistrikte der Befragten, Upper Pak Tin Est. Markthalle

11.1.2. Upper Pak Tin Estate Markthalle[1]

23 der befragten Strassenverkäufer aus der Upper Pak Tin Estate Markthalle wohnen in der dazugehörenden A-Wohnanlage, Pak Tin Estate, was zusammen mit den 41 Strassenverkäufern aus der Nam Cheong Street Markthalle (zuzüglich 1 Strassenverkäufer aus der Cheung Sha Wan Wohnanlage) 64% der gesamthaft befragten Strassenverkäufer ausmacht. Ihre Wohnungen befinden sich also weniger als 8 Gehminuten von ihrer Arbeitsstelle entfernt. Die restlichen 17 Strassenverkäufer aus der Upper Pak Tin Estate Markthalle haben ihren Wohnsitz an distriktfernen Orten.[2]

Ueberraschend hoch ist der Anteil der Distrikt fern wohnenden Strassenverkäufer, 32% (beider Markthallen). 14% aller befragten Strassenverkäufer haben ihren Wohnsitz in den New Territories. Sie brauchen bis zu 4 Stunden Anreisezeit (Hin- plus Rückreise). Besonders müssen sie alltäglich - im Vergleich zu den im Shek Kip Mei Estate, Pak Tin Estate und Sham Shui Po wohnenden Strassenverkäufern - eine bis 15- fache zeitliche Distanzbelastung in Kauf nehmen.

Auf der Insel Hong Kong aber wohnt kein einziger der 551 (Total) befragten Strassenverkäufer. Diese Tatsache steht im jähen Kontrast zu den festgestellten Besorgungsfahrten der Strassenverkäufer über den Victoria Hafen zur Insel hinüber. Das Festhalten an den älteren Verteilerzentren auf der Insel ist offenbar mit der traditionellen Pflichttreue verbunden und den eingespielten ökonomischen Beziehungen zwischen den Grossverteilern und den Strassenverkäufern. Nicht einmal der Wegzug des Strassenverkäufers in die New Territories hindert ihn daran, diese Beziehungen aufrecht

---

1) Siehe Abb. 16
2) 3 Strassenverkäufer: Kwun Tong,K.P.A.14; 1 Shatin Pass Estate,N.T.; 2 Ho Man Tin,K.P.A.6; 1 Mongkok,K.P,A.7; 1 Kwai Fong Estate,N.T.; 1 Kwai Shing Estate,N.T.; 1 Tsz Wan Shan Estate,K.P.A.11; 1 Shek Lei Estate,N.T.; 2 Kwai Cheung Estate,N.T.3; Tsuen Wan New Town,N.T.; 1 Tai Po,N.T.

zu erhalten.

11.1.3. Pei Ho Street-Strassenmarkt

Bei den untersuchten Strassenverkäufern in der Pei Ho Street wohnen von 451 Personen 411 in Sham Shui Po Sub-District und das oft in allernächster Umgebung. Da es sich um einen alten Strassenmarkt handelt, wohnt auch der grösste Teil der Strassenverkäufer schon über 10 Jahre in den privaten - in den 50er und 60er Jahren erbauten Mietskasernen. Sham Shui Po ist seit langem ein geeignetes Arbeitsgebiet für Strassenverkäufer, weil die dortige Bevölkerungsdichte enorm hoch (150'000 Einwohner/km^2),[1] und das Einkommensniveau der Distriktbewohner nicht sehr differenziert ist.[2] Sham Shui Po North bildet den südwestlichsten Teil von New Kowloon, Verkehrszone 732, und wird als stark verdichtetes multifunktionales Kernrandgebiet mit überwiegend einfacher Sozialstruktur bezeichnet.[3]

11.2. Pendlerbewegungen

Die Pendlerbewegungen der untersuchten Strassenverkäufer stimmen etwa nicht immer mit denjenigen der gesamten arbeitenden Bevölkerung von New Kowloon West überein, denn die Strassenverkäufer unterliegen viel weniger dem Arbeitsstellen- und Arbeitsortwechsel; sie legen eine hohe Ortsverbundenheit zu Tage.[4] Noch im Jahre 1971, also neun Jahre vor dieser Untersuchung, wohnten die Strassenverkäufer in nächster Umgebung ihrer Arbeitsstelle. So fielen in Sai Ying Pun, H.K.P.A.2 die Arbeits- und Wohnstellen in die gleiche Planungseinheit (Tertiary Planning Unit), so dass die Gehdistanz zwischen Wohn- und Arbeitsstelle nur noch 5-10 Minuten betrug. Andererseits sei auch die gegensätzliche Beobachtung aus Ngau Tau Kok, K.P.A.13 zu erwähnen, wo über

---

1) Vgl. Census,H.K.,1979
2) Vgl. R.P.L.Lee,1979,:7;Y.K.Chen,1978,:10
3) Vgl. H.J.Buchholz,1978,:157
4) Vgl. D.C.Chaney & D.B.L.Podmore,1973,:41

eine Hälfte der Strassenverkäufer keine lokalen Einwohner
waren, sondern Pendler aus zum Teil sehr entlegenen Stadt-
gebieten, wie Cheung Sha Wan, K.P.A.5 oder Yau Tong Estate,
K.P.A.15. Für die Strassenverkäufer, der von F.Y. Tse untersuchten Strassenmärkte, wurde eine W-E-Pendelbewegung zwischen Wohn- und Arbeitsstelle festgestellt. Bei den älteren
Strassenmärkten, wie Mongkok, Yau Ma Tei, Sham Shui Po und
Kennedy Town vermerkte man jedoch nur kurze Distanzen zwischen Wohn- und Arbeitsstelle der Strassenverkäufer.

In Sham Shui Po und im ganzen Cheung Sha Wan befinden sich
zahlreiche Betriebe der leichten Industrie zur Herstellung
von Schuhen, Konfektion, Elektronik und der Verarbeitung
von Garnen und Plastikmaterialien.[1] Ein bedeutender Teil
der arbeitenden Bevölkerung von Sham Shui Po North, 67,8%
von 16'286 Personen, gehören zu den Pendlern. 5'239 Personen oder 32,2% arbeiten im eigenen Wohngebiet. Die Zielge-
biete dieser Pendler liegen in unmittelbarer Distrikt-Nach-
barschaft: Nach Sham Shui Po SE pendeln 10,6% aus; und nach
San Po Kong, K.P.A.11, in New Kowloon Central 15,8%. Zu den
Arbeitsstellen in Kwun Tong, K.P.14, in New Kowloon East,
fahren lediglich 5,6% und die Arbeitsstätten der Tsuen Wan
New Town, mit ihrem hohen Angebot an Industriearbeitsplätzen,
ziehen heute 10% der Pendler von Sham Shui Po North an.[2] Die
restlichen 58% der Sham Shui Po North Pendler weichen in die
benachbarten Distrikte aus: Mongkok, K.P.A.7 und Yau Ma Tei,
K.P.A.2.

Als Verkehrsmittel verwenden die Strassenverkäufer Kleinbus-
se[3], Busse und Taxis. Die unlängst erfolgte Einrichtung der
U-Bahn (Mass Transport Railway, MTR) wird das Muster der
Strassenverkäufer-Pendlerbewegungen kaum verändern. Nur 4%
der befragten Strassenverkäufer (Markthallen) benützen ge-

---

1) Vgl. D.J.Dwyer und C.Y.Lai,1967; V.F.S.Sit,1979,:31
2) Vgl. Census 1971,1979
3) Public light bus: Minibus-Service: 12 Personen, privates Unternehmen

legentlich die MTR[1] zur Fahrt in die Stadtrandgebiete. Die relativ hohen Fahrkosten und vor allem das Verbot, grössere Warenmengen in der MTR zu transportieren, motivieren ein solches Verhalten. Für die, auf der Halbinsel Kowloon lebenden Strassenverkäufer ist die Insel Hong Kong als Arbeitsort unattraktiv. Grund dafür sind die Durchsetzungsschwierigkeiten ortsfremder Strassenverkäufer, gegenüber den traditionellen Schutzgesellschaften. Der in die New Territories umgezogene Strassenverkäufer nimmt lieber die lange Pendeldistanz zum ursprünglichen Arbeitsort, dem Strassenmarkt in Sham Shui Po in Kauf, als dass er sich im neuen Wohngebiet als Strassenverkäufer etablieren würde. Auch die, in den letzten Jahren sich entwickelnde Berufs- und Einkommensstruktur von Sham Shui Po wird vor allem von Textil-Strassenverkäufern - im Vergleich mit den New Towns - als höhere Einnahmen versprechendes Kundenreservoir bewertet. Die restriktive Haltung der Verwaltung ist auch an dieser Situation mitschuldig.

---

[1] MTR: Die erste Stufe des Modified Initial System der MTR zwischen Kwun Tong und Shek Kip Mei wurde am 1.Oktober 1979 eröffnet. Die Untergrundbahnstationen Tsim Sha Tsui und Jordan wurden am 16.Dezember 1979, Waterloo am 22. Dezember 1979 und Admirality und Chater am 12.Februar 1980 in Betrieb gesetzt. Vgl.H.K.Monthly Digest of Statistics,Mai 1980,:28

12. GLEICHGEWICHT DER AKTIONSRÄUME

Bei der Umsiedlung der Shek Kip Mei Strassenverkäufer, anfangs 1980, handelt es sich um eine minime Verschiebung (ca. 200 m) der Verkaufsstände vom alten Strassenmarkt in Lower Shek Kip Mei Estate in die neue Markthalle in der Nam Cheong Street. So blieb das Gleichgewicht der Aktionsräume der Strassenverkäufer und ihrer Kunden bestehen, und im weiteren wurde das Vorstellungsbild (mental map) des Strassenverkäufers über den ihm wohlbekannten Raum und Kundenkreis nicht entscheidend gestört.[1]

12.1. Warenbezugsquellen und Mobilität

Die Mobilitätsunterschiede zwischen den einzelnen Strassenverkäufer-Branchen sind recht beachtlich: Zusammen mit den Textil-Strassenverkäufern sind die Obst- und Gemüse-Strassenverkäufer allerdings am wenigsten beweglich. Die Gruppe der illegalen Fisch-, Fleisch-Strassenverkäufer neigen gezwungenermassen zu erhöhter Mobilität. Bei der ursprünglich so beweglichen Gruppe von Konfektions-, Haushaltwaren- und Garn-Strassenverkäufern zeichnet sich ein langsamer Abbau der Mobilität ab. Das gleiche gilt für die dienstleistenden Strassenhändler (Schuhputzer, Friseure, Wahrsager, Installateure usw.) und die mobilen Imbiss-Strassenverkäufer.

Das Fehlen von Lagermöglichkeiten ist ein grosses Handicap der mobilen Strassenverkäufer. Oft muss ein solcher Strassenverkäufer (itinerant hawker) seine Ware in gemieteten Räumen deponieren oder sie sogar nach Hause mitnehmen. Trotzdem teilten 8% der befragten Strassenverkäufer mit, sie würden auch in Zukunft keine Lagerräume gebrauchen, da sie angeblich jeden Tag neue Ware beschaffen müssten. 60% aller befragten Strassenverkäufer in der Pei Ho Street deponieren

---

[1] Vgl. F.E.Horton & D.R.Reynolds. Sie definieren das Gleichgewicht der Aktionsräume als: "A table pattern of movement linkages produced by the individual's satisfaction with his current set of urban activities and their location...",1971,:39

ihre Ware zu Hause, und 10% benützen gemietete Lagerräume
in den Verkaufsständen der Nachbarn oder in den festen Läden der nächsten Nachbarschaft.

Von 100 umgesiedelten Strassenverkäufern beider Markthallen
haben 16% ihre Warenquelle auf der Insel Hong Kong, was ihnen ein regelmässiges Ueberqueren des Victoria Hafens abverlangt. Die Grossverteiler befinden sich in der Des Voeux
Road West, Connaught Road, Central, Queens Road und in der
Wing Lok Street.[1]

In den New Territories befinden sich die wichtigen Märkte
in Shatin, Tai Po, Luen Wo, Yuen Long, Shek Wu Hui und Fanling, allesamt höhere Verteilerzentren, in welchen 4% der
untersuchten Strassenverkäufer landwirtschaftliche Produkte
beziehen.[2]

Auf der Halbinsel sind es hauptsächlich die älteren, in den
50er Jahren entstandenen Grossmärkte (wholesale markets),
die den restlichen 76% als Warenbezugsquelle dienen.

In der Abb. 17 sind die Warenbezugsquellen der 100 befragten Strassenverkäufer (Nam Cheong Street Public Market and
Upper Pak Tin Estate Public Market) verortet. Wichtig ist
die Feststellung, dass 45% aller Befragten ihre Ware im Umkreis von ca. 3 km holen. Interessant ist auch die Tatsache
der Kooperation der festen Läden mit den Strassenverkäufern.
14% der befragten Strassenverkäufer beziehen ihre Ware in
den Läden des Cheung Sha Wan Sub-Distrikts. 4% suchen den
weit entfernten Markt auf der Insel Cheung Chau auf!

Die ungünstige Lage einiger Verteilerzentren zwingt die
Strassenverkäufer, lange Anfahrten zu ihren Grossisten zu
unternehmen. Der Cheung Sha Wan Grossmarkt hat seine zentra-

---

1) Siehe Abb. 17
2) Vgl. D.W.Drakakis-Smith,1971,:21 ff.

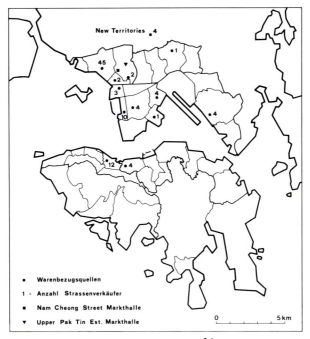

Abb. 17 Warenbezugsquellen[1)]

---

1) Warenbezugsquellen der befragten Strassenverkäufer (Nam Cheong Street Public Market und Upper Pak Tin Estate Public Market)

LOKALITAET	ANZAHL STRASSENVERK.	LOKALITAET	ANZAHL STRASSENVERK.
Yau Ma Tei	10	Kwun Tong	4
Cheung Sha Wan	30	Tin Kwong Road	2
Sham Shui Po	2	Kwai Chung Market	1
Lai Chi Kok Road	1	Hung Hom	1
Sa Po Rd., Kowloon C.	4	Boundary St.Tong Mei Road	1
Cheung Chau Island	4		
Mongkok	4	Kweiling Street	5
Feste Läden	14	Apliu Street	3
Castle Peak Road	1	Berwick Street	1
Fuk Wing Street	1	Yu Chau Street	1
Tai Nan Street	2	Keine Angaben	2
TOTAL	100		

le Bedeutung für die Sham Shui Po Strassenverkäufer beibehalten, obwohl die Situation, wegen der überalterten, über 20 jährigen Markthalle recht ungünstig aussieht. Dasselbe gilt auch für den Sham Shui Po Market[1], wo die existierenden 88 Verkaufsstände einerseits einer Wohnbevölkerung von 150'000 Personen dienen müssen und andererseits auch einem Teil der lokalen Strassenverkäufer als Warenbezugsquelle.[2] Die Verbesserung der Infrastruktur der Grossmärkte (Cheong Sha Wan und Sham Shui Po) würde den so arg strapazierten Verkehr in der wichtigsten NS-Strassenachse, Nathan Road und in der WE-Strassenachse, Boundary Street, Prince Edward Road entlasten helfen. Dringend nötig wäre auch der Bau einiger zusätzlicher Verteilerzentren, besonders in den Bedarfsräumen New Kowloon East. Diese zusätzlichen Verteilerzentren würden den Aktionsraum der Strassenhändler günstig beeinflussen. Der Cheung Sha Wan Grossmarkt in Kowloon und der Kennedy Town Grossmarkt auf der Insel Hong Kong sind die Verteilerzentren, die ganz oben in der Hierarchie des Distributionsnetzes stehen, insbesondere für Obst und Gemüse. Obwohl nur einer der befragten Strassenverkäufer aus der Nam Cheong Street Markthalle angab, seine Ware (Obst) aus der Boundary Street, Sham Shui Po South, zu beziehen, hat auch dieser ursprünglich illegal entstandene Markt, die grosse Bedeutung einer Art Zwischenstufe zwischen dem grossen Markt in Cheung Sha Wan und den Strassenmärkten der untersten Stufe.

Fisch-, Schalentiere-, Geflügel- und Obst-Strassenverkäufer holen ihre Ware oft in den im ganzen Distrikt verstreuten "laans", die nicht unbedingt in Gebäuden untergebracht sind, sondern sich in schmalen Gassen befinden, zwischen den einzelnen Strassenblocks. Hier treffen sich die Strassenverkäufer periodisch mit den Grossisten, Zwischenhändlern. Solche

---

1) Siehe Abb.8
2) Vgl. Sham Shui Po Sub-District Office Report, Oktober 1980,:77

temporäre Verkaufsstellen mittlerer Stufe konnte man in der nächsten Nähe der Pei Ho Street erfassen. Diese Gassen (laans) suchen die Strassenverkäufer in der Regel früh morgens oder in der Mittagspause auf.

Alle Fleisch-Strassenverkäufer beider Markthallen beziehen das Fleisch aus dem staatlichen Schlachthaus in der Lai Chi Kok Road, Cheung Sha Wan, K.P.A.5. Ein Zwischenhandel ist hier praktisch unbekannt, weil die Regierungsstellen strenge Kontrollen durchführen. Der Fleischtransport wird von einem offiziellen Transportunternehmen abgewickelt, während bei allen übrigen Waren der Warentransport in den Händen privater Unternehmer liegt. Dem Strassenverkäufer bleibt offengestellt, welcher Art der Transport seiner Ware sein soll. Ueber 40% der befragten Strassenverkäufer (beider Markthallen) sind drei verschiedenen Transportunternehmen angeschlossen, welche ihnen die Ware aus dem Grossmarkt oder aus einem anderen Verteilerzentrum täglich direkt zur Markthalle bringen.[1]

Tab. 9 Individuelle Transportart der Strasssenverkäufer-Ware
(Nam Cheong Street und Upper Pak Tin Estate Markthalle)

Transportmittel	% Strassenverkäufer Nam Cheong Street	% Strassenverkäufer Upper Pak Tin Estate
Lastwagen	45%	38%
Taxi	2%	-
Public light bus	1%	-
Bus	4%	2%
Handkarren	1%	-
Privatauto	2%	-
zu Fuss	4%	-

---

1) Siehe Tab.9

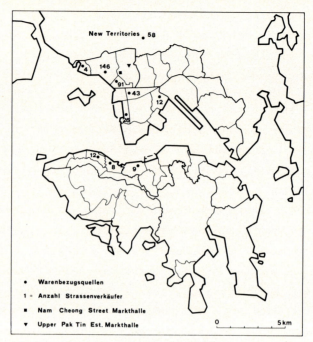

Abb. 18 Warenbezugsquellen[1]

---

1) Warenbezugsquellen der befragten Strassenverkäufer (Pei Ho Street Market)

LOKALITAET	ANZAHL STRASSENVERK.	LOKALITAET	ANZAHL STRASSENVERK.
Cheung Sha Wan	146	Hong Kong	20
Sha Shui Po Market	35	Chai Wan	3
Mongkok	43	Kwai Cheung, N.T.	15
Yau Ma Tei	26	Tsuen Wan, N.T.	21
Sham Shui Po	56	N.T.	22
Lantau Island	2	Kowloon City	12
TOTAL	451	Keine Angabe	40

Umfrage vom Sonntag, den 6. Juli 1980: Anstieg von 451 auf 487 Verkaufseinheiten. Umfrage vom Sonntag, den 17. August 1980: Anstieg von 451 auf 515 Verkaufseinheiten.

Dass die Upper Pak Tin Estate Strassenverkäufer ihre Ware
kaum zu Fuss holen, hängt zusammen mit dem zu überwindenden
Höhenunterschied (ca. 20 m) zwischen der höher gelegenen
Wohnanlage Pak Tin und den in der nächsten Uferzone liegenden Vierteln, wo die Warenquellen sind. Ein Transportmittel
bilden auch die gut ausgebauten Bus- (2D, 2E, 104) und Minibus- (Public light bus) Verbindungen.

Nach der Aussage von 13 Strassenverkäufern in der Upper Pak
Tin Estate Markthalle teilen sie die Unkosten des Lastwagentransportes zusammen mit den Ladenbesitzern des Blocks 17.
Eine solche Zusammenarbeit mit den finanziell stärkeren Ladenbesitzern erweist sich für die Strassenverkäufer als
durchaus günstig, denn ein Ladenbesitzer erhält - wegen des
grösseren Transportvolumens - einen günstigeren Transporttarif als ein Strassenverkäufer.

Die Abb. 18 gibt die Verteilung der Warenbezugsquellen der
Strassenverkäufer vom Strassenmarkt in der Pei Ho Street an.
16 Gemüse-Strassenverkäufer überqueren den Victoria-Hafen,
um in der Central- und Western Markthalle ihre Ware zu beziehen. Die Ankauffahrten der Obst-Strassenverkäufer sind
von geringerer Aktionsreichweite und konzentrieren sich auf
die westliche Seite der Halbinsel Kowloon. Die grossen Strassenmärkte von Mongkok, mit ihren fruit-laans, sind die Zielorte der einkaufenden Strassenverkäufer der Pei Ho Street
(43 Einkäufer). Die Nähe der Yaumatei Fähre ermöglicht einen
Obst- und Gemüse-Markt, zu welchem täglich 26 einkaufende
Strassenverkäufer eilen. Der starke Unterschied der räumlichen Bewegungsmuster der einkaufenden Strassenverkäufer der
Pei Ho Street, der Nam Cheong Street- und der Upper Pak Tin
Estate-Markthallen ist auf eine Uebervertretung von Obst-
und Gemüse-Strassenverkäufern in der Pei Ho Street zurückzuführen.[1] Die Dynamik ihrer räumlichen Aktivitäten wickelt

---

1) Siehe Tab.5

sich in einem viel grösseren Aktionsraum ab als z.B. bei Strassenverkäufern des Non-Food-Sektors (Textil, Konfektion, Schuhe, Plastik, Spielzeug, Haushaltwaren usw.) in der Yu Chau Street, Pei Ho Street oder der Nam Cheong Street. Diese Strassenverkäufer kaufen ihre Ware in den nahe gelegenen industriellen Kleinbetrieben (small scale industry; oft Familienbetriebe) ein, welche seit den 50er Jahren in Sham Shui Po angesiedelt sind. Im Dezember 1977 waren in Hong Kong 34'632 Kleinbetriebe (small manufacturing establishments) registriert worden.[1] Der fortschreitende Aufbau der Leichtindustrie in Tsuen Wan New Town wird voraussichtlich auch eine Aenderung des räumlichen Bewegungsmusters der einkaufenden Strassenverkäufer mit sich bringen, die mit den Erzeugnissen der Leichtindustrie handeln. In der Liste der Warenbezugsquellen der Pei Ho Street-Strassenverkäufer figurieren die New Towns, N.T., mit 36 Lieferanten; sie stehen damit an vierter Stelle. Das zeigt, dass die verbilligte Ware (mindere Qualität, Restposten grosser Exportserien) der Fabriken der New Towns erhöhte Attraktivität besitzt und mit dem Angebot der älteren Kleinbetriebe in Sham Shui Po konkurriert. Die Textil-Strassenverkäufer der Pei Ho Street sind gleichzeitig Lieferanten und Zwischenhändler für andere Strassenverkäufer; so beziehen z.B. einige Strassenverkäufer der Upper Pak Tin Estate-Markthalle ihre Ware nicht direkt beim Produzenten, sondern bei bekannten Strassenverkäufern der Pei Ho Street.

Allgemein lässt sich sagen, dass die Distanzempfindlichkeit der Strassenverkäufer im Untersuchungsgebiet abhängig ist:

---

[1] Nur wachsende Industriezweige der small scale industry werden berücksichtigt (Plastik, Maschinen, Elektronik, Uhren Konfektion).
Betriebe mit einer Belegschaft von unter 10 Personen werden nicht berücksichtigt. Durch eine solche statistische Begrenzung kann ein Teil der als Strassenverkäufer-Lieferanten und -Arbeitgeber wichtigen Sham Shui Po Kleinbetriebe nicht erfasst werden. Vgl. CSD-Bericht in V.F.S.Sit,1979,:15.

Gemäss Kartierung haben 15% aller Kleinbetriebe in Sham Shui Po Sub-District weniger als 10 Angestellte.

a) Von der Art der Ware des Strassenverkäufers
So haben die Gemüse-Strassenverkäufer die längsten Ankaufswege. Sie überqueren auch am häufigsten den Hafen. Mittlere Ankaufsdistanz weisen Obst-Strassenverkäufer auf, und die geringsten haben die Textil-, Konfektions- und Spielzeug-Strassenverkäufer. Sie nutzen erfolgreich nahgelegene Warenbezugsquellen, wie Kleinbetriebe im Viertel Sham Shui Po, mit denen sie intensiv zusammenarbeiten.

b) Von der Grösse des Warenumsatzes
Bei den Strassenverkäufern, denen nur die Standardfläche zur Verfügung steht - was einen minimalen Warenumsatz bedingt - ist die Distanzempfindlichkeit am geringsten. Für diese Gruppe sind lange Ankaufswege charakteristisch. Je grösser der Warenumsatz, desto intensiver der Versuch des Strassenverkäufers, die Warenbezugsquellen in seiner unmittelbaren Nähe zu finden.

c) Vom Alter des Strassenmarktes
Die Strassenverkäufer der alten Strassenmärkte haben gelegentlich sehr weit entfernt liegende Warenbezugsquellen. In den neuen öffentlichen Markthallen tendieren die Strassenverkäufer zur Minimalisierung der Ankaufsdistanz; nach Möglichkeit meiden sie die Hafenüberquerung.

d) Von der Lage des Wohnsitzes bzw. Strassenmarktes
Für die Strassenverkäufer aus dem östlichen Teil von New Kowloon sprechen lange Ankaufsfahrten zu den Warenbezugsquellen in den industriellen Betrieben von Cheung Sha Wan. Je näher die Strassenverkäufer den alten Verdichtungsgebieten sind, desto geringer sind ihre Ankaufsfahrten. Das ist unter anderem auch der Grund dafür, dass sich die Strassenverkäufer ungern einem Wohnungswechsel unterziehen. Höchst unbeliebt ist der Umzug in die New Territories. Wenn es aber sein muss, so nehmen sie lieber lange Pendlerfahrten zum Arbeitsort in Kauf, als dass sie auf ihre angestammten Verkaufsstandorte verzichten würden.

FOTOS

LEGENDE ZU DEN FOTOS

1   Verkäuferin von vergorenem Sojabohnenkäse, Doufu. Upper Pak Tin Estate Markthalle, August 1980.

2   Melonenverkäufer (mobiler Strassenverkäufer) in der Nam Cheong Street, Ecke Fuk Wing Street, Juli 1980.

3   Illegaler Strassenverkäufer, Flohmarktartikel verkaufend, Nam Cheong Street in der Nähe der Apliu Street, Juli 1980.

4   Früchte-Strassenverkäuferinnen, in der verbotenen Zone verkaufend, Berwick Street. Im Hintergrund die Wohnblocks des Shek Kip Mei Resettlement Estate, August 1980.

5   Ingwer-Strassenverkäuferin in der Yiu Tung Street, Juli 1980.

6   Strassenrestaurants in der Woh Chai Street, August 1980.

7   Basarhütten in der Nam Cheong Street. Im Hintergrund die privaten Verbauungen von Cheung Sha Wan, August 1980.

8   Im Rahmen der Stadterneuerung aufgehobener alter Markt im Shek Kip Mei Resettlement Estate, Block 7, 8, 9, 10, August 1980.

9   Umgesiedelte Gemüse-Strassenverkäufer im Lichthof der neuen Nam Cheong Street Markthalle, August 1980.

10   Umgesiedelte Geflügel-Strassenverkäufer in der Upper Pak Tin Estate Markthalle, Juni 1980.

11   Fisch-Verkäufer in der Upper Pak Tin Estate Markthalle, Juni 1980.

12   Befragte Arbeiterfamilie, Sham Shui Po, private Verbauung, August 1980.

13   Blick in den Innenhof des Blocks 16 im Shek Kip Mei Estate, August 1980.

14 Chinesische Apotheke an der Frontseite der neuen Nam Cheong Street Markthalle, August 1980.

15 Illegale Gemüse-Strassenverkäuferin in der Nam Cheong Street, Juli 1980.

16 Befragte Grossmutter mit ihrem Enkelkind in der fensterlosen 1-Raum-Wohnung, Shek Kip Mei Resettlement Estate, Block 16, Juli 1980.

13. ARBEITSZEIT UND ZEITPLAN DER STRASSENVERKÄUFER

Die Arbeitszeitlänge und der Zeitplan der Strassenverkäufer sind Indikatoren, mit deren Hilfe man Vergleiche zwischen den Strassenverkäufern im traditionellen Verteilernetz und den Angestellten des modernen Distributionssystems in Hong Kong herstellen kann.

Die anhand der individuellen Angaben der befragten Strassenverkäufer ausgerechnete durchschnittliche Arbeitszeit, liegt für die 60 Strassenverkäufer aus der Nam Cheong Street Markthalle bei 14 Stunden 12 Minuten und für die 40 Strassenverkäufer aus der Upper Pak Tin Estate Markthalle bei 12 Stunden. Der überraschende Unterschied zwischen der täglichen durchschnittlichen Arbeitszeit (Sonntag inbegriffen) ist durch die unlängst eröffnete (Mai 1980) Nam Cheong Street Markthalle und die damit verbundene anfängliche Mehrarbeit der Strassenverkäufer zu erklären. Die Mehrarbeit entstand infolge der Umsiedlung, d.h. der Strassenverkäufer ist mit dem Ausbau seines Verkaufsstandes, bzw. mit der Organisation der Warentransporte beschäftigt.

Ein grosser Teil der täglichen Arbeitszeit wird von den Warentransporten in Anspruch genommen: So fahren von 60 befragten Strassenverkäufern 34 täglich, 4 wöchentlich und 5 monatlich zu ihrer jeweiligen Warenbezugsquelle. Den restlichen Strassenverkäufern aus der Nam Cheong Street Markthalle wird die Ware geliefert. In der Upper Pak Tin Estate Markthalle fahren von 40 befragten Strassenverkäufern 15 täglich, 7 wöchentlich, 4 monatlich und 14 unregelmässig zu ihrer jeweiligen Warenbezugsquelle. Die Warenbesorgung in der Pei Ho Street erfolgt bei 451 befragten Strassenverkäufern wie folgt: 320 täglich, 84 wöchentlich und 29 monatlich.

13.1. Frequenz und zeitliche Länge der Ankaufsfahrten

Die hohe Frequenz der Ankaufsfahrten rührt von der zu kleinen Verkaufs- und Lagerfläche der Strassenverkäufer her. Die Warenquellen liegen zum Teil im Nahbereich (z.B. Textil-, Garn-, Schuhe-, Metall-Kleinbetriebe in Sham Shui Po Sub-

District).

Bei Obst und Gemüse muss der Strassenverkäufer täglich bis zu zweimal frische Ware holen, was bis zu einem Viertel seiner gesamten täglichen Arbeitszeit ausmachen kann (ca. 3 Stunden). Die übrigen Strassenverkäufer brauchen für ihre Warenbesorgungen täglich durchschnittliche 1 bis 2 Stunden. (Diese Zeit wurde der Gesamtzeit angerechnet). Durch den hohen Zeitverlust, den die Strassenverkäufer durch den Warentransport in Kauf nehmen müssen, wird die ökonomische Effektivität ihrer Aktivitäten vermindert.

13.2. Zeitplan und Arbeitsrhythmus der Strassenverkäufer

Die Strassenverkäufer sind wirkliche Frühaufsteher. Sie verlassen zwischen 05.00 Uhr und 06.00 Uhr ihre Wohnungen und suchen zuerst die entsprechende Warenbezugsquelle auf. Zur Markthalle kehren sie nach 06.00 Uhr zurück, um die Verkaufsstände zu öffnen; bis 10.30 Uhr sind dann praktisch alle Verkaufsstände (beider Markthallen) geöffnet. Als erste fangen die Obst- und Gemüse-Verkäufer mit dem Handel an, da sie sich den Versorgungsaktivitäten der Hausfrauen angepasst haben. Relativ spät, erst gegen 10.00 Uhr und 10.30 Uhr, beginnen die Textil-, Schuh-, Konfektions- und Haushaltwaren-Strassenverkäufer ihre Arbeit.

Der Sonntag ist für die Non-Food-Strassenverkäufer der umsatzreichste Tag, an dem auch die mobilen Strassenverkäufer und die Strassenrestaurants (cooked food stalls) in erhöhter Zahl in den Strassen aktiv sind. Die Zählungen an Sonntagen ergaben eine jeweilige 11,1%-Zunahme der Gesamtzahl der Strassenverkäufer in der Pei Ho Street.[1] Für die Angestellten der festen Läden im Sham Shui Po Sub-District ist die Sonntagsarbeit zur Regel geworden. In diesem Punkt gleichen sich die festen Läden und die Verkaufsstände der Stras-

---

1) Vgl. S.F.Ho,1972,:183 ff.

senverkäufer auf der Strasse und in der Markthalle; sie alle arbeiten ohne Unterlass auch an Sonntagen.

Die Abb. 19 zeigt den Arbeitsrhythmus der Strassenverkäufer in der Pei Ho Street anhand der stündlichen Verteilung der Anzahl aktiver Strassenverkaufseinheiten. Diese graphische Darstellung macht das grössere Gewicht der nachmittäglichen Aktivitäten der Strassenverkäufer sichtbar und das plötzliche Absinken der Anzahl aktiver Strassenverkaufsstände nach 20.00 Uhr. Von 09.30 Uhr bis 11.00 Uhr und von 16.30 bis 17.30 Uhr ist jeweilen die Verkaufsspitze (peak hour). Die Mittagspause liegt zwischen 13.00 Uhr und 15.00 Uhr. Während dieser Zeit verlassen viele Strassenverkäufer ihren Verkaufsstand, um nach Hause zu gehen. Von der Lai Chi Kok Road (wichtigste Verkehrsader im westlichsten Teil von New Kowloon West) strömen in der Verkaufsspitze stündlich 2'700 Fussgänger in die Pei Ho Street. Noch eine Stunde zuvor wurden 720 Fussgänger gezählt (Wochentag).[1] Aehnlich sieht es am anderen Ende der Pei Ho Street aus, an der Kreuzung der Un Chau Street und der Pei Ho Street.

Für die zahlreichen Strassenrestaurants sieht der Arbeitsrhythmus anders aus: Vormittags sind sie meistens geschlossen, dafür arbeiten sie bis spät in die Nacht hinein. Ihre Verkaufsspitze liegt zwischen 20.00 Uhr und 23.00 Uhr, weil die Bevölkerung von Cheung Sha Wan ihr Abendessen bis in die späten Stunden ausdehnt. In den alten, noch nicht erneuerten B-Wohnanlagen (resettlement estates, Mark I, II, III Blocks) ist das Kochen auf den Umlaufbalkons sehr mühsam, deshalb sind ihnen die billigen Speisen der Strassenrestaurants willkommen. Nach Mitternacht allerdings konnten nur 5 geöffnete Strassenrestaurants gezählt werden.[2] Von allen 451 befragten Strassenverkäufern in der Pei Ho Street ar-

---

1) Zählung am Freitag, den 4. Juli 1980, 16.00/17.00 Uhr, Kreuzung Lai Chi Kok Road und Pei Ho Street
2) Vgl. C.Osgood,1975,:544

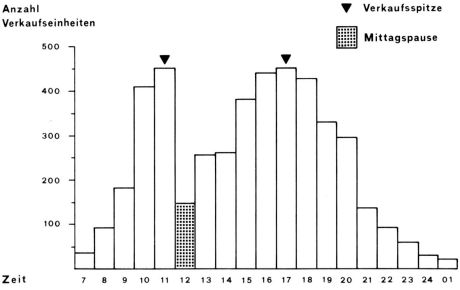

Abb. 19 Aktive Strassenverkaufseinheiten[1]

---

[1] Anzahl der aktiven Strassenverkaufseinheiten in der Pei Ho Street, von 07.00 bis 01.00 Uhr, Sham Shui Po

ZEIT	VERKAUFSEINHEITEN	ZEIT	VERKAUFSEINHEITEN
07.00	36	16.00	441
08.00	92	17.00	451
09.00	182	18.00	426
10.00	410	19.00	328
11.00	451	20.00	295
Mittagspause	148	21.00	137
13.00	257	22.00	93
14.00	261	23.00	59
15.00	380	24.00	31
		01.00	21

beiten lediglich 21 nach Mitternacht; 16 davon sind Imbiss-
und Erfrischungsgetränke-Strassenverkäufer.

13.3. Arbeitszeitlänge der Strassenverkäufer im Vergleich

Im Vergleich mit der offiziellen 6-Tage-Woche (45 Stunden)
eines Industriearbeiters in Hong Kong arbeitet der Strassenverkäufer in der 7-Tage-Woche durchschnittlich 84 Stunden.
Dazu kommt, dass jeder Industriearbeiter in Hong Kong vom
Gesetz her monatlich 4 arbeitsfreie Tage garantiert hat,
die aber beim Strassenverkäufer wegfallen. Im grossen und
ganzen muss man - im Zusammenhang mit der Arbeitszeitlänge -
das subjektive Wohlergehen eines Strassenverkäufers im Vergleich mit demjenigen eines Industriearbeiters nicht nur ne-
gativ bewerten, denn die Arbeitseinteilung und auch den Arbeitsrhythmus bestimmt der individuelle Strassenverkäufer
selbst. Er kann also mehr Entscheidungsfreiheit geniessen
als ein Industriearbeiter. Andererseits ist der Strassenverkäufer wiederum in seiner Freizeit stark eingeschränkt.[1]

Bei den 451 befragten Strassenverkäufern in der Pei Ho Street
liegt die durchschnittliche tägliche Arbeitszeit bei 11 Stunden 30 Minuten - bedeutend niedriger also als bei den Strassenverkäufern in den Markthallen. Bei den Pei Ho Street-
Strassenverkäufern handelt es sich um eine alteingesessene
Gruppe von Strassenverkäufern, die einen anderen Arbeitsrhythmus haben. (Sie schalten grössere Abwesenheiten am Verkaufsstand ein).

Der hohe Arbeitszeitunterschied zwischen dem Strassenverkäufer und dem Industriearbeiter wird allerdings durch freiwil-
lige, zur Regel gewordene (Industrie-)Ueberstunden vermindert! Durch die niedrigen Stundeneinnahmen motiviert, arbeitet der Strassenverkäufer entsprechend länger als der im
Stundenlohn arbeitende Industriearbeiter. Interessant ist

---

1) Vgl. OECD-Liste,1973, D.M.Smith,1977,:34

die Beobachtung, dass die Imbiss-Strassenverkäufer in der
Industriezone Kwun Tong ihren Arbeitsrhythmus demjenigen
der Industriearbeiter anpassen: Während der Mittagspause
nämlich, sind alle freien Flächen vor den Fabriken mit Strassenrestaurants (cooked food stalls) übersät, denn die Arbeiter bevorzugen warme Verpflegung.[1] Für die Mehrheit der
Strassenverkäufer, besonders für ältere, sind Ferien oder
längere Freizeit unbekannt. Sie begnügen sich mit der täglichen 2- bis 3-stündigen Mittagspause (Verkaufsflaute),
die sie gelegentlich zum Schlaf oder Mah-jong-Spiel usw.
nutzen.[2] Mehr als 12 Stunden täglich arbeiten:

29% aller Textil-Strassenverkäufer[3]

22% aller Lebensmittel-Strassenverkäufer

34% aller Imbiss-Strassenverkäufer

25% aller anderen Branchen

8 bis 12 Stunden täglich arbeiten 52% aller befragten Strassenverkäufer.

Ueberraschenderweise stellte sich bei der Umfrage heraus,
dass von 100 befragten Strassenverkäufern beider Markthallen, lediglich ein einziger weniger als 8 Stunden (eigene
Angabe) täglich arbeitet. In der Pei Ho Street arbeiten hingegen drei Strassenverkäufer weniger als 8 Stunden täglich
(eigene Angabe).

1971 arbeiteten in Shek Kip Mei 983 Strassenverkäufer tagsüber und 129 nachts; in Cheung Sha Wan arbeiteten 2'542
tagsüber und 1'342 abends.[4] In der Pei Ho Street arbeiten
von 20.00 Uhr an 295 Strassenverkäufer, das sind 65,4% aller befragten Strassenverkäufer.

Feste und Feiertage lassen die Strassenverkäufer-Zahl dra-

---

1) Vgl. F.Leeming,1977,:137
2) Vgl. C.Osgood,1975,:956
3) Vgl. T.G.McGee,1973,:139
4) Vgl. F.Y.Tse,1974,I,:17

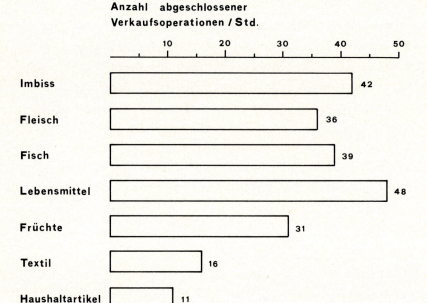

Abb. 20 Strassenverkäufer-Branchen und Frequenzen der Verkaufsoperationen, Upper Pak Tin Estate Markthalle

stisch ansteigen. Aehnliches gilt für andere SE-asiatische Städte mit einem 50%igen Anteil an chinesischen Strassenverkäufern (Singapore, Kuala Lumpur).[1] Eine vergleichbare Wirkung auf die Strassenverkäufer-Population hat auf den Philippinen Weihnachten und in Indonesien das Puasa Raya Fest.[2] Die Strassenverkäufer in Sham Shui Po arbeiten täglich etwa gleich lang wie diejenigen in Manila, wo 51% aller Strassenverkäufer täglich länger als 11 Stunden tätig sind.[3]

Ergänzend sei hier noch die Anzahl der abgeschlossenen Verkaufsoperationen erwähnt.

Die Abb. 20 stellt die Anzahl der abgeschlossenen Verkaufsoperationen dar, pro Stunde und Verkaufsbranche. Da die Preise in den

---

1) J.C.Jackson,1975,:45-77; T.F.Lam,1973,:25-30
2) Vgl. T.G.McGee und Y.M.Yeung,1977,:89-90
3) Vgl. S.H.Guerrero,1975

neuen Markthallen in der Regel festgelegt und angeschrieben sind, obwohl - gemäss Aussage einiger Käufer - die Strassenverkäufer dazu neigen, alten Kunden eine Art Rabatt zu gewähren, ermöglichen diese Frequenzen eine Schätzung des täglichen Umsatzes der Strassenverkäufer. In der neuen Markthalle, in der Nam Cheong Street halten sich die Frequenzen etwas niedriger; besonders niedrig sind sie aber im ersten Stockwerk der Markthalle zu verzeichnen.

14. STRASSENVERKÄUFER UND IHRE SOZIALRÄUMLICHE STELLUNG IM DISTRIBUTIONSSYSTEM

Die älteste - und gleichzeitig grösste Strassenverkäufer-Gruppe in Hong Kong stellt die Obst- und Gemüse-Branche dar. Zusammen mit den Lebensmittel-Strassenverkäufern arbeiteten 1974 im ganzen städtischen Raum der Kronkolonie 23'491 Verkaufseinheiten (fruit-, vegetables-, other types of food stalls), davon 6'147 auf der Insel und 17'344 in Kowloon und New Kowloon.[1] Diese wichtige Stellung der Gemüse-Strassenverkäufer kommt daher, dass der Chinese frisches Gemüse als Grundpfeiler seiner Nahrung betrachtet.[2] Ein Blick in die statistischen Angaben[3] über die Haushaltausgaben pro Familie genügt: Mehr als 4% des durchschnittlichen Familienbudgets nimmt das frische Gemüse in Anspruch.[4] Die Umfrage in Cheung Sha Wan und Shek Kip Mei (Familienbudgets, 1980) verzeichnet einen 9%-Anteil!

Die Gemüse-Strassenverkäufer sind in der Regel spezialisiert auf entweder leicht verderbliches Gemüse (shap choi)[5] oder auf dauerhaftes Gemüse (kon choi)[6]. Auf der Strasse ist die Spezialisierung bemerkbar, da die einzelnen Strassenverkäufer jeweils ausschliesslich 2-3 Gemüse- oder Obstarten verkaufen.

---

1) Vgl. Hawker Report,T.P.O.,U.S.D.,Hong Kong,1974
2) "The Chinese can be described as noncompulsive with dominant oral component in their character conditioned and demonstrated by their attitudes toward food... Westerners are apt to be unaware of the importance of vegetables and fish to the Chinese, so outstanding is the symbolic value of rice...", C.Osgood,1975,:1159
3) Vgl. The Household Expenditure Survey,1973/74; The Consumer Price Indexes, Census and Statistics Dept.,Hong Kong,1974,:86,114
4) Vgl. R.Marr,1982,:421
5) Chinese white cabbage:Baak choi; Peking or Tientsin cabbage:Wong nga baak; Chinese flowering cabbage:Choi sum; Chinese kale:Gaai laan; Watercress:Sai yeung soi; Chinese spinach:Een choi; Mustard cabbage:Gaai choi; Slippery vegetable:Saan choi; Bamboo shots:Chuk sun
6) Ginger:Geung; Chili peppers:Laht jiu; Chinese water chestnuts:Ma taai; White melon:Po gwa; Winter melon:Dong gwa; Bitter melon:Foo gwa; Green beens:Dau gok; Sweet potato:Fan shue; Yam been:Saa got; Kudzu:Faan got; Taro:Woo tau; M.Dahlen und K.Phillips,1980,:5

Obwohl nur 10% der Gesamtfläche der Kronkolonie, 1'052 km^2, landwirtschaftlich genutzt ist, können die Hong Kong Farmer einen grossen Teil an Bedürfnissen der lokalen Bevölkerung decken. Sie produzieren 42% des Gesamtverbrauchs der Kronkolonie an frischem Gemüse, 12% Schweinefleisch, 60% Geflügel.[1]

Die Distributionskette des einheimischen Obst und Gemüse fängt beim Farmer an, der seine Ware dem Grossisten im nahe gelegenen Marktort (market town) verkauft. Es ist in der Regel teurer als solches vom chinesischen Festland (VR-China; main land). Grund dafür sind die viel höheren Produktionskosten. Gleiches gilt für den sehr beliebten Reis aus den New Territories.[2] Die Farmer in den New Territories haben oft eigene Verkaufsstände auf den bedeutenden Marktplätzen von Tai Po, Sheung Shui, Shek Wu Hui, Fanling und Yuen Long, aber auch in den kleineren Marktzentren von Cheung Chau, Mui O und Sai Kung.[3] Aehnlich ist es auch auf den Inseln Cheung Chau, Un Chau, Lantau oder Lung Chau. Private Transportunternehmen bringen das Obst und Gemüse zu den öffentlichen Märkten auf der Insel oder zum jeweiligen Hafen. Auf der Kowloon-Seite bestehen 18 Märkte (4'123 Verkaufseinheiten) und auf der Insel Hong Kong sind es 19 mit 1'125 Verkaufseinheiten. Hier verkaufen die Grossisten die Ware weiter an die Zwischenhändler, welche Chakkas genannt sind. Diese wiederum laden die Ware um, wägen sie ab und füllen je 1,5 tam (90,72 kg)[4] in einen geflochtenen Korb ein. Der Strassenverkäufer kann schon beim ersten Zwischenhändler oder erst bei den nächsten Zwischenhändlern einkaufen, die in den

---

[1] Gesamtwert der landwirtschaftlichen Produktion von Hong Kong betrug 1977/78 842 Mill.H.K.$, Hong Kong Review of 1979,:221
[2] Vgl. C.Osgood,1975,:1160
[3] Vgl. Market Towns,N.T.D.D.,P.W.D.,Hong Kong,1978
[4] Vgl. Chinesische Masse   Englische Masse   Internationale Masse

Chinesische Masse	Englische Masse	Internationale Masse
1 fan	0,013 oz.	0,378 g
1 ts'in = 10 fan	0,133 oz.	3,780 g
1 leung oder tael = 10 ts'in	1,333 oz.	37,800 g
1 kan (the catty) = 10 leung	1,333 lb.	604,800 g
1 tam (the picul)	133,333 lb.	60,48 kg

Common conversion factors,Hong Kong,1980

laans[1] - in der Nähe der öffentlichen Markthalle (public market) - untergebracht sind. Gewöhnlich stehen auf der untersten Stufe der Verteilerkette gleich mehrere Zwischenhändler. Diese erleichtern den Warenumschlag und bieten dem einzelnen Strassenverkäufer verschiedene Kredite und Vergünstigungen.[2]

Von 451 befragten Strassenverkäufern in der Pei Ho Street zahlen 275, d.h. 61% in bar, die restlichen 39% kaufen bei den Grossisten auf Kredit ein.

Um keine grossen Einnahmenverluste zu riskieren, muss der Strassenverkäufer seinen Zeitplan so gestalten, dass er mit der Ware jeweil noch vor der Verkaufsspitze zu seiner Verkaufsstelle zurückkehrt, denn die Einnahmen der morgendlichen- und nachmittäglichen Verkaufsspitze bilden 80% seines Einkommens.[3] Die neuen Restaurants (9) im 1. Stock der Nam Cheong Street-Markthalle beziehen ihr Gemüse direkt vom Cheung Sha Wan Markt. Die Restaurants in der Tai Po Road und Castle Peak Road (Sham Shui Po) hingegen, haben ihre Strassenverkäufer-Lieferanten, welche für sie den Einkauf und den Transport erledigen. Sechs der befragten Strassenverkäufer aus der Pei Ho Street geben zu, regelmässig die Restaurants zu beliefern, was für sie eine zusätzliche Einnahmequelle bedeutet. Sie bejahen auch, dass sie ihre Ware aus den laans[1] der Boundary Street holen. In den letzten Jahren nämlich, versuchen einige Grossisten die grossen, durch die Regierung[4] kontrollierten Markthallen, zu verlassen und in die laans zu ziehen. Diese ursprünglich illegalen Märkte der Zwischenstufe verdienen in Zukunft die Aufmerksamkeit der Planer und der Humangeographen, da sie ein Produkt der aktuellen Nachfrage sind und den sozialräumlichen Gegebenheiten besser angepasst sind als die Grossmärkte. Durch systematisches humangeographisches Erfassen der räumlichen Ausprägung der laans, der Obst-Märkte, dürfte man gerade den der Planung unbe-

---

1) Siehe Abb.21
2) Vgl. R.H.Silin,1972,:327
3) Mündliche Information:Mr.Au Boon Yin,Asst.Housing Manager,Upper Pak Tin Est.
4) The Vegetable Marketing Organisation

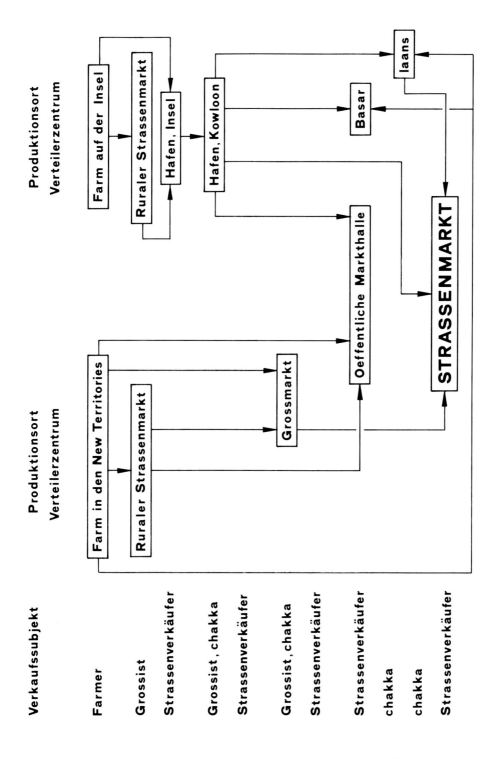

Abb. 21 Verteilernetz (einheimisches Obst): Strassenmärkte in Kowloon, New Kowloon, Hong Kong

kannten Teil des Verteilernetzes erfassen. Da wäre eine generelle
Verortung und Nutzungskartierung empfehlenswert. Die laans füllen-
dank des kleinen Warenumschlagvolumens und des temporären Charak-
ters - gerade die unversorgten Gebiete in den Verdichtungsräumen
aus. Sie entstehen - entweder in festen Strukturen, auf der Strasse, zwischen Häuserblocks in der nächsten Nähe der Strassenmärkte
von Kowloon, wie Cheung Sha Wan, Sham Shui Po, Mongkok, Yaumatei,
Hung Hom usw. - oder auf der Insel in der Nachbarschaft der Strassenmärkte von Sau Kei Wan, Kennedy Town, Western usw. Die Hafen-
anlage von Yau Ma Tei, mit dem dazugehörenden Strassenmarkt und
der Strassenmarkt von Mongkok werden als wichtige Warenbezugsquelle
für Obst angegeben. In Yau Ma Tei befinden sich die Landeplätze
der Boote, welche Obst transportieren. Von hier aus wird das Obst
- entweder direkt - zu den öffentlichen Märkten (public markets)
oder dann zu den laans transportiert. Die Obstmärkte sind zum
grössten Teil auf der Westseite von Kowloon konzentriert und ziehen die Strassenverkäufer von weit her an, aus den östlichsten
Distrikten. (Aus Cha Kwo Ling, Yau Tong, Lei Yue Mun, Kwun Tong
oder Ngau Tau Kok)

Der Grundunterschied zwischen den Obst- und Gemüse-Strassenverkäufern liegt darin, dass die ersteren ihre Einkaufsoperationen mehr-
mals täglich durchführen und im allgemeinen kürzere Transportstrek-
ken zurücklegen müssen, da ihre Warenbezugsquellen auf der Halbinsel Kowloon liegen und sie den Hafen nicht zu überqueren brauchen.
Im allgemeinen scheint das Distributionsnetz beim Obst einfacher
zu sein als beim Gemüse. Die Verteilerkette enthält weniger Zwischenhändler, die sich zwischen den Strassenverkäufern und den
Grossisten einschalten. Einige Strassenverkäufer überqueren den
Victoria Hafen, um ihr Gemüse in Wan Chai oder Sheung Wan abzuho-
len. Wie die Befragungen ergaben, beziehen 38 Strassenverkäufer
aus der Pei Ho Street ihr Gemüse aus einer Entfernung von nur 1
bis 2 Planungseinheiten (Tertiary Planning Units:2.6.4.; 2.6.5.;
2.6.6.).

An den Transportverkehrspunkten, also in Orten mit sehr aktiven illegalen Verteilernetzen, wird alljährlich eine steigende Warenmenge verkauft. Darunter leiden die Grossmärkte; sie verzeichnen eine ständige Abnahme[1] der verkauften Warenmenge: Zwischen 1962 und 1971 sank die verkaufte Warenmenge (Obst und Gemüse) um 44'325 Tonnen. 1972 bis 1979 ergab sich ein zusätzlicher Verlust von 30'365 Tonnen.

Bei den Textil- und Konfektion-Strassenverkäufern in Cheung Sha Wan und dem nödlichen Abschnitt von Tai Kok Tsui wirkt sich die distriktspezifische Konzentration der Textil- und Konfektionsfabriken vom kleinbetrieblichen Typus aus (small scale industrial unit). Ihre primäre Warenbezugsquelle liegt dementsprechend in derselben Planungseinheit (Tertiary Planning Unit) und der Warenkauf wird direkt beim Produzenten durch den Strassenverkäufer abgewickelt. In der Regel handelt es sich um Ueberschusswaren von Exportartikeln. Es scheint auch, dass etliche Strassenverkäufer im direkten Auftrag der Kleinfirmen und im Akkord-Verkauf arbeiten. Da die Mehrheit der Kleinbetriebe im Auftrag grösserer Firmen arbeitet, überlassen ihnen diese auch die Qualitätskontrolle. Um hohe Verluste kompensieren zu können, wird den Strassenverkäufern qualitätsmässig mindere Ware abgegeben.[2] 7% der Konfektion-Strassenverkäufer beider Markthallen und 8,8% aus der Pei Ho Street beziehen ihre Ware aus den Fabriken des Districts und 80% der Schuh-Strassenverkäufer beziehen ihre Ware aus den Schuhfabriken des untersuchten Distrikts. Die Konfektion- und Textil- bzw. Schuh-Strassenverkäufer haben an der jungen Bevölkerung der nahe liegenden Wohnanlage Shek Kip Mei und Pak Tin Estate ein wichtiges Kundenreservoir.[3] 12% dieser Wohnbevölkerung gehört zur Altersklasse

---

1) Vgl. H.K.Monthly Digest of Statistics, Dezember 1971,:16
2) "A small factory also tended to serve many such customers and was seldom dominated by one single contractor...", V.F.S.Sit,1979,:405
3) Wohnbevölkerung von Shek Kip Mei Upper Estate   5'064 Personen
    "   "   Un Chau Street   28'878 "
    "   "   Pak Tin Lower Estate   5'197 "
    "   "   Lower Shek Kip Mei Conv.Estate 5'323 "
    "   "   Pak Tin Upper Estate   35'688 "
    "   "   Shek Kip Mei Lower   23'489 "
Vgl. Kowloon West,H.K.Housing Authority Annual Report,1978/79,:60

der 20- bis 29 jährigen, also zu den zahlungskräftigen und meistkaufenden Kunden. 1971 machte gerade diese Altersklasse ca. 7,42% (530'077) der Gesamtbevölkerung von Hong Kong aus.

14.1. Vergleich mit Verteilernetzen anderer Länder

Die hohe Anzahl von Zwischenstufen in der Verteilerhierarchie ist für viele Distributionssysteme SE-Asiens charakteristisch. So gibt es z.B. auf den Philippinen zwei parallel zueinander arbeitende Verteilerketten: a) Die Verteilerkette der Viajero, der mobilen Zwischenhändler und b) Die Lieferung der Produktionsfirma an lokale Grossisten.[1] In Malaysia wurden ähnliche Distributionssysteme beobachtet.[2]

14.2. Strassenverkäufer und Läden des modernen Distributionssystems

Sind die Strassenverkäufer unabhängig vom modernen Distributionssystem, oder sind sie etwa als ein zusätzlicher Bestandteil desselben zu betrachten? Dies ist die Grundfrage, die sich stellt, wenn man die Strassenverkäufer und ihre Beziehung zu den festen Läden der nächsten Umgebung untersuchen möchte.

Insofern die Strassenverkäufer von vielen Autoren[3] als arbeitsintensive Nutzer des öffentlichen Raumes mit niedrigem Warenumsatz und entsprechend niedrigem Einkommen betrachtet werden, stehen sie im vermeintlichen Gegensatz zu den festen Läden des modernen Distributionssystems.[4] Diesem vermeintlich scharfen Gegensatz des urbanen Arbeitsmarktes in den Entwicklungsländern will ein dualistisches Modell des Waren-Geld-Kreislaufs gerecht werden. Die scharfe Unterscheidung zwischen dem modernen Wirtschaftssektor (formal sector) und dem Subsistenzsektor (informal sector) in den Grossstädten

---

1) Vgl. J.L. und S.H.Guerrero,1973,: R.H.T.Smith und A.M.Hay,1969,:122 ff.
2) Vgl. F.Hara,1975
3) Vgl. H.Lubell,1974; J.Heather und H.Lubell und J.Mouly,1976
4) Siehe Tab.10

Tab. 10 Dualistische Gegenüberstellung der modernen und der traditionellen Verteilernetze in den Entwicklungsländern[1]

Merkmale	Moderne Verteilernetze	Traditionelle Verteilernetze
Kapitalaufwand	kapitalintensiv	kapitalextensiv
Arbeitsaufwand	gering	gross
Verkaufsstandort	privat	öffentlich
Standortmiete	hoch	keine bzw. geringe
Einkommen	mittel	klein
Organisation	modern kommerziell	traditionell
Familienbeteiligung	keine	intensiv
Lohn	regelmässig	unregelmässig
Preisniveau	festgelegt	nach Aussprache
Kredite	Banken	Familie, Freunde
Werbung	intensiv	keine
Recycling	kein	frequentiert
Kapitalreserven	vorhanden	keine
Staatliche Hilfe	Steuerbegünstigungen	keine
Kinderarbeit	keine	ja/gelegentlich
Abhängigkeit vom Ausland	gross	keine
Vorbildung	ja	keine
Anteil Immigranten	klein	gross
Kundenkreis	gross	klein
Nutzfläche	gross	klein

der tropischen Entwicklungsländer entspricht der tatsächlichen Situation betreffs Verteilernetze in Hong Kong absolut nicht. Die Ansicht, nach welcher die Strassenverkäufer einen entwicklungshemmenden Teil des urbanen Arbeitsmarktes darstellen, ist irreführend und in seinen Auswirkungen auf die

---

1) Modifiziert nach J.F.Linn,1979,:59,Tab.III. und M.Santos,1972

reelle Planungspolitik sogar gefährlich.[1] Die Makrostudien des urbanen Arbeitsmarktes in den Entwicklungsländern vermögen die Zusammenhänge, die Kooperation und das gegenseitige Durchdringen des "oberen" und des "unteren" Waren-Geld-Kreislaufes nicht mit genügender Schärfe zu erfassen.

Innerhalb des in Hong Kong bestehenden Distributionssystems[2] würden den zwei genannten Kreisläufen sozialräumlich die modernen Einkaufsketten und Supermärkte einerseits - die Strassenmärkte und die Markthallen andererseits - entsprechen. Die vorliegende Untersuchung signalisiert aber die Untragbarkeit der Dualismus-Ansätze bei der Beurteilung der räumlichen Struktur des Strassenhandels.[3] Die grosse Variationsbreite verschiedener Strassenverkaufseinheiten vom mobilen- bis zum festen Verkaufsstand, zusammen mit der Tendenz zu grösseren, festen, besser ausgestatteten Verkaufseinheiten, die sich im physischen Bereich demjenigen eines Ladens nähern, bringen den dualen Ansatz bei der Beurteilung der Verteilernetze in Hong Kong zu Fall. Die Untersuchung bestätigt, dass sich in einigen Strassenverkaufsbranchen ein Trend in Richtung feste Läden anbahnt. Die Läden in Sham Shui Po, aber auch diejenigen in Shek Kip Mei Estate und Upper Pak Tin Estate, haben folgendes mit Strassenverkäufern gemeinsam:

a) mehrfache Nutzung der Verkaufsflächen
b) intensive Arbeitsbelastung inkl. Familienmitglieder
c) gleiche Arbeitszeitlänge. Abend- und Nachtverkauf
d) Partizipation am gleichen Verteilernetz
e) Zusammenarbeit mit den Strassenverkäufern

Was die Art der ökonomischen Operationen der Strassenverkäufer anbelangt, so unterscheiden sich diese auch nicht grund-

---

1) Vgl. World Bank Staff Working Paper No.342, Juli 1979,:59
2) Siehe Abb.21
3) Vgl. R.Webb,1976,:No.227; L.Peattie,1974

sätzlich von denen der Kleinhändler in den festen Läden,
welche auf die Güter des kurz- und mittelfristigen Bedarfes
spezialisiert sind. Beide Seiten gewähren dem potentiellen
Kunden Rabatte, gestalten den Preis nicht nur im Wettbewerbsdruck mit der Konkurrenz, sondern auch im Verhandeln
mit dem Käufer. Beim Aufbringen des Grund-, bzw. Betriebskapitals verwenden beide Seiten traditionelle Verbindungen,
welche ihnen die Betriebsgründung oder Betriebsvergrösserung ermöglichen. Das Risiko des Unternehmens wird dadurch
aufgeteilt. Im weiteren haben sich die festen Verkaufsstände in den Markthallen, aber auch auf der Strasse durch ihren permanenten Charakter den Läden des Kleinhandels genähert. Eine solche Entwicklung deutet an, dass Kleinläden und
umsatzstarke Strassenverkaufseinheiten funktionell annähernd
die gleiche Rolle im Distributionsnetz des jeweiligen Viertels spielen dürfen. Die Diskrepanz zwischen den modernen
Verkaufsketten, Supermärkten und dem Strassenhandel wird
sich in Zukunft sicherlich noch mehr vertiefen. Die festen
Läden (shops) und die Strassenverkaufsstände (stalls) hingegen werden sich dank gegenseitiger Verflechtungen näher
kommen. Die personelle Verflechtung des modernen Sektors
mit dem Subsistenz-Sektor ist oft anzutreffen: Die Mehrheit
der Strassenverkäufer, welche den Strassenhandel als Nebenberuf betreiben, hat einen festen Arbeitsplatz in der Industrie oder in öffentlichen Diensten. Diese Frauen und Männer
sind an Sonntagen oder abends im Einsatz, um ihre Ehepartner
abzulösen. Das niedrige Lohnniveau zwingt sie zu solch nebenberuflichen Tätigkeiten. Die Schulkinder partizipieren
in den Schulferien an der Verkaufstätigkeit ihrer Eltern
oder Verwandten. Das heisst, dass sie ihre berufliche Laufbahn im Subsistenz-Sektor anfangen, um sich nach dem Absolvieren der Grundschule dem modernen Wirtschaftssektor zuzuwenden. Wegen dem Fehlen von Altersrenten in einigen Branchen der Hongkonger Wirtschaft, z.B. in der Bauwirtschaft,
wenden sich oft alte Menschen dem Strassenhandel zu, um so

ihr Alterseinkommen zu sichern.[1]

Tab. 11 Gegenüberstellung der modernen und traditionellen
        Verteilernetze in Hong Kong

Merkmale	Strassenverkauf	Markthalle	Kleinladen
Kapitalaufwand	gering	mittelgross	mittelgross
Arbeitsaufwand	gross	mittelgross	mittelgross
Verkaufsstandort	öffentlich	öffentlich	privat
Standortmiete	gering	mittelhoch	mittelhoch
Einkommen	klein	klein	mittel
Familien-beteiligung	intensiv	mässig	gering
Kredite	Freunde,Familie	Freunde,Familie	Banken,Familie
Werbung	keine	keine	gering
Lohn	unregelmässig	regelmässig	regelmässig
Recycling	frequentiert	kein	kein
Nutzfläche	klein	klein,mittel	klein,mittel

---

1) Vgl. World Bank Staff Working Paper No.342,Juli 1979,:64

15. DAS RÄUMLICHE GEFÜGE VON ANGEBOT UND NACHFRAGE

Im vorliegenden Abschnitt soll am Beispiel von Shek Kip Mei und Cheung Sha Wan das räumliche Gefüge von Angebot und Nachfrage dargestellt werden. Die öffentlichen Markthallen, Basare und vor allem die Strassenmärkte in New Kowloon bilden die gegebenen Brennpunkte des Warenangebotes.[1] Von allen Verteilerzentren sind die Strassenmärkte dem räumlichen Gefüge von Angebot und Nachfrage am besten angepasst. Weil sie in den Verdichtungsräumen angesiedelt sind, verkürzen sie die Entfernung zwischen Verkaufsstellen und Kunden erfolgreich. Die Strassenmärkte sind es aber wiederum, die dem reglementierenden Druck der Verwaltung am stärksten ausgesetzt sind.

15.1. Durchdringungsgradkoeffizient

Der Durchdringungsgradkoeffizient dient zur Beurteilung der Versorgungssituation des jeweiligen städtischen Wohnviertels, wobei er dem Verhältnis zwischen der Anzahl von Strassenverkaufseinheiten (stalls) und der Anzahl fester Läden (shops) in der gleichen Planungseinheit (Secondary-, Tertiary Planning Unit) entspricht.

$$K_d = \frac{S_p}{L_p} \;;$$

K_d = Durchdringungsgradkoeffizient
S_p = Anzahl Strassenverkaufseinheiten pro Planungseinheit
L_p = Anzahl fester Läden pro Planungseinheit

Dieser Koeffizient zeigt auch deutlich den Entwicklungsstand des jeweiligen Wohnviertels an: Viertel, welche vom modernen Distributionssystem weniger durchdrungen sind, haben einen höheren Koeffizienten als die neueren Wohngebiete. Im

---

1) So wurden z.B. in Kowloon 30 spezialisierte Lebensmittel-Markthallen (food market centres) von der Regierung gegründet und von ihr auch überwacht, genau gleich, wie die erwähnten Verteilerzentren, die allerdings nicht alle von der Verwaltung gegründet worden sind. Chi-sen Liang zählt solche Verteilerzentren zur Kategorie des "low order business", da sie staatlich gelenkt sind. Vgl. Chi-sen Liang, 1973,:150

Untersuchungsgebiet Sham Shui Po (Cheung Sha Wan) Sub-District stehen 1'400 feste Verkaufsstände (fixed pitch stalls) und 2'200 mobile Strassenverkaufseinheiten den 3'781 festen Läden gegenüber, ein Koeffizient also von 0,95.

Im Vergleich zu anderen städtischen Verdichtungsräumen, mit folgenden Durchdringungsgradkoeffizienten:

Yau Ma Tei: 0,80   Hung Hom: 1,97   Kwun Tong: 1,92
Sheung Wan: 0,70   North Point: 1,88   Yau Tong: 1,93

befindet sich Sham Shui Po (Cheung Sha Wan) in einem Uebergangsstadium - unter zusätzlicher Berücksichtigung der jeweiligen Bevölkerungsgrösse; das moderne Distributionssystem im Sub-Distrikt ist im Begriff, sich zu etablieren. Wegen der restriktiven Strassenverkäufer-Politik (hawker policy) werden sich die Strassenmärkte in der Pei Ho Street und in der Shun Ning Road - welche besonders in Bezug auf die Versorgung der lokalen Bevölkerung mit Nahrungsmitteln und alltäglichen Gebrauchsgütern von Bedeutung sind - nicht weiter ausdehnen dürfen.[1]

Mehr als die Hälfte der Strassenverkäufer der Kronkolonie[2] ist in New Kowloon konzentriert, wo auch 3/5 der industriellen Arbeiterschaft von Hong Kong arbeiten. Cheung Sha Wan hat mit mehr als 90'000 beschäftigten Arbeitern einen Löwenanteil von 20% der Gesamtzahl der industriellen Arbeiterschaft der Kronkolonie.[3] Es ist zu erwarten, dass die Strassenverkäufer bewusst Wohnbezirke[2] der industriellen

---

1) So waren in der Pei Ho Street 85% der Strassenverkäufer im Food-Sektor tätig. Total 387 Strassenverkäufer. Gemüse:183; Obst:177; Strassenrestaurants:22; Geflügel:5
2) A- und B-Wohnanlagen-Bevölkerung:1'883'970 Einwohner,1978. Vgl. H.K.Housing Authority Annual Report 1978/79,:63
   Eigentlich soll man zu dieser Zahl noch ca. 10% dazurechnen, um die illegal wohnenden einkalkuliert zu haben. (Empfehlung des Social Wellfare Office, Cheung Sha Wan)
3) Vgl. F.Leeming,1977,:77

Arbeiterschaft aufsuchen, denn dort können sie auch mit
einem grossen Konsumentenkreis rechnen.

Tab. 12 Zusammensetzung der Versorgungszentren von Shek Kip Mei[1]

Erneuerungs-phase	Lokalität	Grösse (m^2)	Bemerkung
I A	Parterre der erneuerten Blocks 9, 13, 16	1'040	41 Läden
I B	Parterre und 1.Stock	3'560	84 Läden
II	zwischen Blocks 19+20	1'630	364 Marktstände
		390	10 Restaurants
Sub-Total		6'620	
V	Parterre-Kojen im alten Block 22	310	10 Kojen
		760	Nam Cheong Street Markt
IV B	Mezzanin (podium deck)	370	
	neue Blocks A und B	350	10 Läden
		1'800	1 gr. Restaurant
		740	4 kl. Restaurants
Sub-Total		4'330	
TOTALE VERKAUFSFLAECHE[2]		10'950	

In der Nam Cheong Street Markthalle arbeiten 231 Verkaufseinheiten des Food-Sektors für eine Wohnbevölkerung von 28'812 (Shek Kip Mei Lower Converted Estate).[3] Diese 231 Verkaufseinheiten machen 63,46% der Gesamtbelegschaft der neueröffneten Markthalle aus.[4] Der hohe Durchdringungsgrad-

---

1) Eigene Aufbereitung von unveröffentlichten Unterlagen der Housing Authority, Hong Kong, Research and Planning, Planning brief for the balance of Shek Kip Mei Estate, Redevelopment schema, 1980
2) Siehe Tab.13
3) Vgl. Annual Report, H.K.Housing Authority, 1978/79,:61
4) Siehe Tab.12

koeffizient der Lower Shek Kip Mei Wohnanlage von 2,992 deutet auf grosse Reserven hin im Bereich des modernen Versorgungssektors für Güter des mittleren- und langfristigen Bedarfs.[1]

Tab. 13 Bestehende und geplante Versorgungszentren in Shek Kip Mei[1]

Lokalität	Bestehende Einrichtungen (m^2)		
	Läden	Marktstände	Restaurants
Upper Pak Tin, I+II, Blocks 12,14,15,17	2'990	910	-
Upper Pak Tinn, III	1'260	-	-
Blocks 3,9 Komplex	4'270	500	190
Lower Pak Tin	1'730	-	-
Upper Shek Kip Mei	120	-	-
Converted Blocks 9, 13,16 Lower Shek Kip Mei	1'040	-	-
Komplex Phase I	3'560	1'630	390
Nam Shan	3'120	740	300
New Lower Shek Kip Mei			
Sub-Total	18'090	3'780	880
Lokalität	Geplante Einrichtungen (m^2)		
	Läden	Marktstände	Restaurants[2] (Norm: 0,20 m^2/Person)
Tat Che Avenue	3'000	-	-
Nam Cheong Street	1'350	-	-
Tai Hang Tung	3'000	-	-
Shek Kip Mei	4'330	-	-
Sub-Total	11'680	-	-
TOTALE VERKAUFSFLAECHE	34'430	3'780	880

1) Eigene Aufbereitung von unveröffentlichten Unterlagen der Housing Authority, Hong Kong,Research and Planning,Planning brief for the balance of Shek Kip Mei Estate,Redevelopment schema 1980
2) Siehe Tab.13

15.2. Strassenverkäufer-Dichte

Um die Stellung des jeweiligen Strassenmarktes im Distributionssystem bewerten zu können, wird die Strassenverkäufer-Dichte (Angebots-Potential) ausgerechnet. Diese entspricht der Anzahl Strassenverkaufseinheiten pro 10'000 Einwohner.

$$D_p = \frac{S_p}{P_p} \; ; \quad \begin{aligned} D_p &= \text{Strassenverkäufer-Dichte der Planungseinheit} \\ S_p &= \text{Anzahl Strassenverkaufseinheiten pro Planungseinheit} \\ P_p &= \text{Wohnbevölkerung der Planungseinheit} \end{aligned}$$

Die Kerngebiete mit erhöhter Strassenverkäufer-Dichte sind Cheung Sha Wan, Yau Ma Tei, Mongkok auf der Halbinsel Kowloon und Wan Chai auf der Insel Hong Kong. Obwohl sich die Verwaltung einerseits um eine Herabsetzung der Strassenverkäufer-Dichte bemüht und andererseits um einen Wegzug der Strassenverkäufer in die Markthallen, stehen noch immer 69,5% oder 34'290 Strassenverkäufer auf der Strasse und lediglich 22,2% oder 10'930 Strassenverkäufer in den staatlich überwachten Markthallen und Basaren. Ein Bruchteil von Strassenverkäufern, 8,3% oder 4'090 Strassenverkäufer, arbeiten in verschiedenen Gelegenheitsräumen, die nicht näher definiert worden sind. In New Kowloon West, wo sich die Untersuchungsräume Cheung Sha Wan und Shek Kip Mei befinden, sticht eine deutliche Strassenverkäufer-Konzentration ins Auge: Hier sind 62,4% aller Strassenverkäufer von New Kowloon versammelt. In den östlichen Distrikten sind die restlichen 37,6% tätig. In Kowloon sind gesamthaft lediglich 4,5% aller Strassenverkäufer in Markthallen und Basaren untergebracht. In den öffentlichen Markthallen (public retail markets) sind 3'021 Verkaufseinheiten plaziert.[1] In den öffentlichen Wohnanlagen (A- und B-Estates) arbeiten 10'417 Strassenverkäufer (21% aller Strassenverkäufer), obwohl die Wohnbevölkerung der neuen Siedlungen ca. 44% der Gesamtbevölkerung der urba-

---
1) Siehe Tab. 14

Tab. 14 Prozentuale Vertretung der Verkaufseinheiten in den
einzelnen Planungsbereichen von Hong Kong

Planungsbereich	auf der Strasse	in den Markthallen
New Kowloon E.	57,7%	42,3%
New Kowloon W.	79,9%	20,1%
KOWLOON	95,4%	4,6%
H.K.Island N.E.	81,3%	18,7%
H.K.Island N.W.	83,6%	16,4%
H.K.Island S.E.	78,8%	21,2%
H.K.Island S.W.	74,5%	25,5%
HONG KONG	69,5%	22,2% (+8,3%)

nen Kerngebiete ausmacht. In den A-Wohnanlagen versucht man sich die Strassenverkäufer vom Leibe zu halten. 1974 hat man dort nur 614 Verkaufseinheiten lokalisiert bei einer Wohnbevölkerung von 441'676.[1]

Tab. 15 Strassenverkäufer in den A-Wohnanlagen (A-Estates)

Lokalität	Basar und Markthalle	anderswo	Total	Wohn-bevölkerung	D_p
H.K.I.(NE)	-	-	-	12'264	-
H.K.I.(NW)	-	-	-	3'894	-
H.K.I.(SW)	118	-	118	89'733	13
H.K.Island	118	-	118	105'891	11
Kowloon	40	-	41	58'568	7
N.K.(E)	216	111	327	172'615	19
N.K.(W)	123	5	128	104'602	12
New Kowloon	339	116	455	277'217	16
Hong Kong Total	497	117	614	441'676	14

1) Siehe Tab.15

In New Kowloon West sind noch immer 79,9% der Strassenverkäufer auf der Strasse und in anderen öffentlichen Räumen tätig und nur 20,1% sind in den verschiedenen Markthallen untergebracht.[1] Ein solches Verhältnis deutet auf eine Umstrukturierung des alten Distributionssystems hin. Im Vergleich mit der Situation in New Kowloon East aber, ist der Strassenhandel noch immer von Bedeutung. Der eigentliche Grund für den erwähnten Unterschied ist die Existenz verschiedener Wohnzonen in Ost- und West-Kowloon. In New Kowloon East wohnt die Mehrheit der Bevölkerung in den neuen Wohnanlagen, welche bereits geplante Markthallen haben, obwohl deren Kapazitäten eindeutig ungenügend sind. In die Zone der privaten Verbauungen in New Kowloon West werden die Markthallen wegen verspäteter Planung gebaut und dies im Rahmen der Stadterneuerung, die eine Verbesserung der Versorgungsstruktur anstrebt. In New Kowloon East befindet sich der grössere Teil der Verkaufseinheiten in den Markthallen. Bei den Strassenmärkten ist eine abnehmende Tendenz betreffs Zahl der Verkaufseinheiten zu beobachten. New Kowloon West, wo sich die Untersuchungsräume Cheung Sha Wan, K.P.A.5 und Shek Kip Mei, K.P.A.4 befinden, ist gekennzeichnet durch eine erhöhte Strassenverkäufer-Konzentration; folglich ist hier die Versorgung der Wohnbevölkerung mit Lebensmitteln und anderen Gütern des kurz- und mittelfristigen Bedarfs besser gesichert.[2]

Die eben skizzierte Unausgeglichenheit der Distributionssysteme im östlichen und westlichen Teil von New Kowloon zwingt die Konsumenten aus den Wohnanlagen in New Kowloon East zu täglichen, bzw. wöchentlichen Anfahrten zu den Strassenmärkten am anderen, westlichen Ende der Halbinsel. Dadurch wird der strapazierte Strassenverkehr zusätzlich belastet.

---

1) Strassenverkäufer in verschiedenen, nicht näher definierten Gelegenheitsräumen. Vgl. Hawker Report, 1974
2) Siehe Tab.16

Tab. 16 Anzahl der am Tage aktiven Strassenverkaufseinheiten in Hong Kong[1]

Lokalität	Strasse	Markt Basar	anderswo	Total	Wohnbev.	D_p
H.K.I.(NE)	5'098	1'292	523	6'913	541'000	128
H.K.I.(NW)	4'263	837	8	5'108	217'000	235
H.K.I.(N)	9'361	2'129	531	12'021	758'000	159
H.K.I.(SE)	89	24	-	113	10'000	113
H.K.I.(SW)	1'055	388	80	1'523	167'000	91
H.K.I.(S)	1'144	412	80	1'636	177'000	92
TOTAL	10'505	2'514	611	13'657	935'000	146
Kowloon	13'813	980	84	14'877	706'000	211
N.K.(E)	5'335	6'031	2'874	14'240	1'133'000	126
N.K.(W)	4'638	1'378	521	6'537	430'000	152
TOTAL	23'786	8'389	3'479	35'654	2'269'000	157

In den siebziger Jahren arbeiteten in Hong Kong 42 öffentliche Markthallen verschiedener Bauart, wobei ihre Kapazität variierte zwischen 20 und 300 Verkaufsständen pro Markthalle. Die durchschnittliche Verkaufsfläche lag bei 4,65 m^2 (Lagerung, Kühlräume, Korridore usw.). Die dreissiger Jahre und fünfziger Jahre waren Dekaden des beschleunigten Aufbaus der Markthallen, blieb aber auch in diesen Zeitabschnitten weit hinter dem Bevölkerungszuwachs zurück.[2]

Am Ende des Pazifischen Krieges, welcher gleichzeitig die japanische Okkupation der Kronkolonie abrupt beendet hatte, strömten die in ihre Heimatdörfer geflüchteten Südchinesen zurück nach Hong Kong. Zusammen mit den neuen Einwanderern zählte die Immigranten-Bevölkerung ca. 1,3 Millionen Menschen, welche in den Jahren 1946-49 den Boden der Kronkolo-

---

1) Eigene Aufbereitung aus Unterlagen T.P.O,P.W.D.,Mai 1974,:1A
2) Siehe Tab.17

Tab. 17 Wachstum der Markthallenkapazität
und Bevölkerungswachstum (in %)

Zeitabschnitt	Wohnbevölkerung	Markthallenkapazität
1947 - 1957	43,5%	37,9%
1958 - 1966	43,8%	2,9%
1967 - 1971	6,3%	0,7%
1972 - 1978	9,3%	3,7%

nie betraten. Die Gründung der Volksrepublik China durch Maozedong bedeutete eine Zäsur in der Nachkriegsgeschichte der Kronkolonie: Ein mächtiger Einwandererstrom erreichte Hong Kong. Zwischen 1949 und 1950 wuchs die Bevölkerungszahl von 2 Millionen auf 2'300'000 Einwohner an. Die Einwanderung beschleunigte den natürlichen Ausbau der Versorgungssysteme des Strassenhandelskontinuums. Der Markthallenbau konnte in dieser, durch enorme ökonomische Schwierigkeiten gekennzeichneten "frühkapitalistischen" Startphase der Kronkolonie mit der überstarken Einwanderung kaum Schritt halten.

In der zweiten Nachkriegs-Dekade von 1958-1966 stagnierte der Aufbau der Markthallenkapazitäten deutlich bei unvermindertem Wachstum der Bevölkerung. Schliesslich kam es in der darauffolgenden Dekade mit 0,7%-Wachstum beinahe zu einem Stillstand. Die siebziger Jahre deuten aber wieder auf ein allmähliches Bestreben nach einer definitiven Lösung des Markthallen-Problems hin.[1] Bis 1979 erfolgte ein ca. 10%-Abstieg der Strassenverkäufer-Zahl. Die Planer in Hong Kong haben eindeutig auf die festen Läden des modernen Verteilernetzes gesetzt; diese planerische Strategie bewirkte auch die enorm niedrige Strassenverkäufer-Dichte in

---

1) Vgl. F.Y.Tse,1974,:37

Tab. 18 Strassenverkäufer in den B-Wohnanlagen
         (Resettlement Estates)

Lokalität	Strasse	Markt	abseits der Strasse Wohnbevölkerung	Total D_p
H.K.I.(NE)	-	164	397	561
			70'173	80
H.K.I.(NW)	-	-	-	-
H.K.I.(SW)	-	49	50	99
			42'691	23
HONG KONG	-	213	447	660
			112'864	58
N.K.(E)	1'014	4'496	2'373	7'883
			769'684	102
N.K.(W)	-	752	492	1'244
			113'390	109
NEW KOWLOON	1'014	5'248	2'865	9'127
			883'074	103
Kowloon und New Kowloon	1'041	5'248	2'881	9'143
			891'087	102
Kowloon und Hong Kong	1'041	5'461	3'328	9'803
			1'003'951	97

den neuen Wohnanlagen. Die durchschnittliche Strassenverkäufer-Dichte der A-Wohnanlagen liegt bei 14 Verkaufseinheiten/10^3 Einwohner[1], und bei den Umsiedlungs-Wohnanlagen [2] beträgt sie 97/10^3. Die Shek Kip Mei Wohnanlage gehörte vor der Erneuerung zu den Zonen mit einer mittleren Strassenverkäufer-Dichte von 108 Verkaufseinheiten/10^3 Einwohner, verglichen mit Wan Chai, 129/10^3 oder Sheung Wan, 294/10^3.

Im allgemeinen konzentrieren sich also die Strassenverkäufer auf die Räume ausserhalb der neuen Wohnanlagen. Die neuen Siedlungen sind weitgehend Ausdruck planerischen Bestrebens

---

1) Siehe Tab.15
2) Siehe Tab.18

um klare Trennung der Nutzungen (separation of uses).[1] Die Wohnfunktion steht an erster Stelle, danach folgt erst die Versorgungsfunktion, die eindeutig zu kurz kommt.

Die Strassenverkäufer suchen traditionell die städtischen Verdichtungsräume auf, welche in Flächen- und Raumnutzung multifunktional sind und ein eventuell höheres Verteilerzentrum (public market, retail market) enthalten. Beispielhaft sind folgende Distrikte:

Tab. 19   Distrikte mit hoher Strassenverkäufer-Dichte (D_p)

Distrikt	Planungseinheit	D_p
Central	H.K.P.A.4.	266
Sheung Wan	H.K.P.A.3.	294
Yau Ma Tei	K.P.A.2.	367
Mongkok	K.P.A.7.	233
Tai Kok Tsui	K.P.A.3.	213

Die verschiedenen Strassenverkaufsbranchen haben verschiedene D_p: Führend ist der Obst-, Gemüse- und Lebensmittel-Strassenverkauf mit dem Durchschnitt von $71/10^3$. Dies unterstreicht die grosse Bedeutung der Strassenverkäufer für die alltägliche Versorgung der Hongkonger Bevölkerung. Dann folgen verschiedene Waren des Non-Food-Sektors: Konfektion, Schuhe, Haushaltartikel mit $53/10^3$ und schliesslich Fleisch, Fisch und Geflügel mit $16/10^3$.

15.3. Strassenverkäufer-Nachfragepotential

Eine Möglichkeit, das absolute Strassenverkäufer-Nachfragepotential zu errechnen, ergibt sich aus dem Verhältnis der

---

[1] Zur traditionellen chinesischen Raumnutzung: "La rue à Peking, c'est l'image de l'anarchie triomphante...",   M.Monner,1899,:78

Wohnbevölkerungszahl der jeweiligen Planungseinheit zur gesamten Strassenmarktlänge der jeweiligen Planungseinheit.

$$A_p = \frac{P_p}{l_p} \text{ ;} \quad \begin{aligned} A_p &= \text{Strassenverkäufer-Nachfragepotential} \\ P_p &= \text{Wohnbevölkerung der Planungseinheit} \\ l_p &= \text{Totale Strassenmarktlänge der Planungseinheit} \end{aligned}$$

15.3.1. Strassenverkäufer-Nachfragepotential im Untersuchungsraum Cheung Sha Wan (Sham Shui Po Sub-District)

In Sham Shui Po Sub-District wird der Untersuchungsraum[1] im SE durch die zum Meer führende Nam Cheong Street mit dazugehörendem Basar (Nullah Decking Hawker Bazar) abgegrenzt. Die Berwick Street im NW dient als Abgrenzung zu Shek Kip Mei, K.P.A.4., die Boundary Street als Abgrenzung zu Tai Kok Tsui, K.P.A.3., und im Westen bildet der Hang mit dem Strassenzug Sai Yeung Street die eigentliche Sub-Distrikt Grenze. Die Grenze zum Sham Shui Po Ferry Sub-District zeichnet die Achse der Yen Chow Street im NW. 1980 belief sich die Gesamtbevölkerung des Untersuchungsraumes Sham Shui Po auf 51'630 Einwohner.[2]

Für den Raum des Sham Shui Po Sub-Districts beträgt das absolute Strassenverkäufer-Nachfragepotential 2'090 Einwohner/100 m Strassenmarktlänge und für die ganze sekundäre Planungseinheit Cheung Sha Wan, K.P.A.5., beträgt es 6'615 Einwohner/100 m Strassenmarktlänge - liegt also bedeutend hö-

---

1) Siehe Abb.22
2) Vgl. Sham Shui Po Sub-District, District-Office Report, 1980

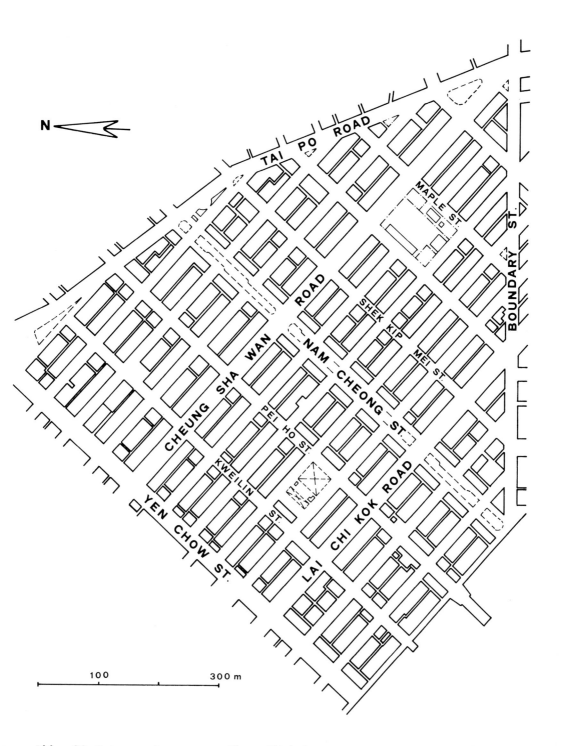

Abb. 22 Untersuchungsraum Sham Shui Po

her, als in Sham Shui Po.[1] Der Vergleich beider Strassenverkäufer-Nachfragepotentiale zeigt, dass das absolute Nachfragepotential im Sub-Distrikt kleiner ist als im ganzen Distrikt Cheung Sha Wan.

Generell ist das absolute Strassenverkäufer-Nachfragepotential in den älteren Distrikten von Kowloon höher als in New Kowloon. Die niedrigsten Nachfragepotentiale kommen in Central, H.K.P.4. vor: 582/100. Diese Zahl aber ist unadäquat, wegen der sehr geringen Wohnbevölkerungszahl vom Central Business District (CBD).[2] Auf der Gesamtfläche des CBD von ca. 52,52 ha arbeiten 131 Strassenverkäufer. In diesem Raum mit den höchsten Bodenpreisen der Kronkolonie[3], befinden sich ent-

---

1) Das Verhältnis der Gesamtbevölkerungszahl vom Cheung Sha Wan District zur Strassenmarktgesamtlänge (beide Strassenmärkte) ist gleich 174'000/2'630 = 6'615 Einwohner/100 m Strassenmarktlänge.
Im Strassenmarkt von Sham Shui Po (Pei Ho Street) beträgt die Gesamtlänge der von Strassenverkäufern belegten Strassen 2'090 m. (Fuk Wing Street, Fuk Wa Street, Apliu Street, Yu Chau Street, Ki Lung Street, Tai Nan Street je 210 m und die Pei Ho Street zwischen der Un Chau Street und der Lai Chi Kok Road, 530 m; zuzüglich der Hälfte des Nam Cheong Street Nullah Decking Bazaars - die andere Hälfte gehört zu Tai Kok Tsui, K.P.A.3.(= 600:2=300m). Das Verhältnis der Gesamtbevölkerung von Sham Shui Po Sub-District zur Gesamtlänge der durch Strassenverkäufer belegten Strassen ist gleich 51'630: (1'790+300)=2'470 Einwohner/100 m Strassenmarktlänge.
Wenn man das absolute Nachfragepotential für den ganzen District Cheung Sha Wan, K.P.A.5. ausrechnet, so muss man folglich den zweiten Strassenmarkt berücksichtigen - der von Sham Shui Po North Ferry-Pier Sub-District: Shun Ning Road, 420 m, bildet die Strassenachse der zweiten Strassenverkäufer-Konzentration in Cheung Sha Wan (hawker permitted area). Die Gesamtlänge der durch die Strassenverkäufer belegten Strassen beträgt 540 m (Shun Ning Road, 420 m und Wing Lung Street zuzüglich zwei parallele Nebenstrassen,120m)
2) Vgl. D.C.Roberts,1972,:15 ff.; T.G.McGee,1973,:101 ff.; Liang Chi-sen,1968,: 107 ff.
Die demographische Zusammensetzung dieser Strassenverkäufer-Gemeinde zeigt sich als eine alteingesessene Gemeinde, mit starkem Anteil an Männern über 40 (53% aller CBD-Strassenverkäufer). Der Anteil der Frauen liegt bei 43%. 34% aller CBD-Strassenverkäufer sind ohne Schulausbildung! 64% aller CBD-Strassenverkäufer wohnen in der gleichen Planungseinheit (Tertiary Planning Unit). Für die hohe Persistenz dieser Strassenverkäufer spricht, dass die Hälfte der CBD-Strassenverkäufer das ganze Leben im Strassenverkäufer-Beruf steht.
3) Vgl. Hang Seng Index,1980,Bodenpreise im Central

lang der Verkehrsachse Connaught Road, Des Voeux Road und Queens Road die kleinen Strassenverkäufer-Konzentrationen in nächster Nähe des Central Market und in den bergabwärts führenden Gassen (Man Wa Lane, Wing Kut Street, Li Yuen Street, Graham Street, Peel Street), welche alle in die Des Voeux Road münden. 86% der CBD-Strassenverkäufer gehören zum Non-Food-Sektor.[1] Die restlichen Strassenverkäufer führen Strassenrestaurants (cooked food stalls), die ihre Speisen den unteren und mittleren Beamtenkadern anbieten, die aus den nahe gelegenen Bürosilos der City kommen.[2] Auch die Nähe der grossen Kaufhäuser bildet einen positiven Impuls für die Strassenverkäufer, die sich die Orte der optimalen Fussgängerströme und potentiellen Käufer aussuchen. Die Strassenverkäufer passen sich auch hier dem allgemeinen Arbeitsrhythmus des CBD an. Die Banken, Kaufhäuser, Hotels und die Star Ferry ziehen die Touristen an, welche für die Strassenverkäufer im CBD zusätzliche Kundschaft bedeuten.

---

1) Im CBD haben die Strassenverkäufer bedeutend höhere Lagerbestände, und deren Wert ist höher als bei den Strassenverkäufern anderer Strassenmärkte: "Value of stock above 1'200 H.K.$...", bei 24% der Befragten. T.G.McGee,1973,:114
2) Vgl. Y.G.Cheung,1969,:9 ff.
3) Vgl. H.K.Monthly Digest of Statistics,Mai 1980,:54, (1979: 2'213'209 Touristen in Hong Kong)

16. UMSIEDLUNG DER STRASSENVERKÄUFER

Seit den frühen sechziger Jahren versucht die Regierung von Hong Kong mit Hilfe des neuen Strassenverkäufer-Programms (new hawker policy), das Strassenverkäufer-Problem zu bewältigen. Bezeichnenderweise stellte McGee sieben Jahre vor dem Zeitpunkt der vorliegenden Untersuchung fest: "Hong Kong has one of the most poorly developed public market systems of any major city in Asia..."[1]. Die Strassenverstopfung, die üblen hygienischen Verhältnisse der alten Strassenmärkte, Kriminalität, Schwarzhandel und die hohe Konzentration an illegalen Strassenverkäufern, das waren die zwingenden Gründe, welche die Hongkonger Verwaltung zur Lösung des Strassenverkäufer-Problems bewegt haben. Darauf wurden vier räumliche Lösungen durch die Verwaltung ausgearbeitet:

a) Die Unterbringung der Strassenverkäufer in Basaren (bazaars).[2] Im Untersuchungsgebiet Sham Shui Po Sub-District ist die Aufnahmekapazität des Basars in der Nam Cheong Street total ausgeschöpft.

b) Die Umsiedlungsaktion betrifft nur finanziell stärkere Verkaufseinheiten.

c) Das Unterbringen der Strassenverkäufer in öffentliche Markthallen (public markets).

d) Das Zusammenfassen der Strassenverkäufer an bewilligten Verkaufsorten auf der Strasse (designated areas, permitted areas).

16.1. Fallstudie: Lower Shek Kip Mei und Nam Cheong Street Markthalle

In der Nam Cheong Street Markthalle kann man einen Musterfall laufender Umsiedlungsaktionen beobachten - und das knapp vor dem Abschluss des für die Housing Authority administrativ sehr langwierigen Prozesses. Die Shek Kip Mei Wohnanlage[3] (B-Wohnanlage) enthielt in den Jahren 1953 bis 1963 ursprünglich 29 Umsiedlungs-Blöcke (resettlement blocks) mit einer

---

1) Vgl. T.G.McGee,1973,:179
2) Vgl. F.Leeming,1977,:79
3) Siehe Abb.10

Wohnbevölkerung von ca. 60'000 Menschen. Bei einer Gesamtfläche der Wohnanlage von ca. 10,67 ha betrug die Einwohnerdichte 5'500 Personen/ha. Im Rahmen der Erneuerung von Shek Kip Mei wurde festgelegt, dass die Wohnbevölkerung auf ca. 27'600 Menschen reduziert werden müsse. Bis zum Frühjahr 1982 soll diese Population in ca. 5'720 Wohnungen untergebracht werden. Infolgedessen wird die Bevölkerungsdichte auf ca. 2'600 Personen/ha heruntergedrückt werden.[1]

Tab. 20 Erneuerungsschema von Shek Kip Mei Estate, 1974-1983[2]

Phase	Blocks	Fertigstellung	Anzahl der Wohnungen	Wohnbevölkerung	Bemerkung
IA	8-13	1974 - 1976	1'029	4'100	
IB	15,16	Mai 1976	372	1'400	
II	19,20	Juni 1979	624	3'600	Scheibenblöcke
IIIA	21,22,23	März 1979	989	5'000	Scheibenblöcke
IIIB	17,18	Mai 1979	406	800	
IVA	21,23,24	März 1982	646	2'574	Scheibenblöcke
IVB	7-10	Juni 1983	920	2'760	Scheibenblöcke
V	18-22	März 1981	1'258	3'786	
VIA	14-16	Oktober 1982	640	2'016	
VIB	17,29	März 1983	345	1'124	

Zusammen mit der Lösung der schwerwiegenden Wohnproblematik[3] beabsichtigt man auch eine Lösung der Strassenverkäufer-Problematik. Noch 1957 wurde die Strassenverkäufer-Situation in diesem Wohnviertel von der Verwaltung als besonders gravierend empfunden.[4]

---

1) Siehe Tab.20
2) Eigene Aufbereitung von unveröffentlichten Unterlagen der H.A.H.K.,1980
3) Siehe Tab.21
4) Vgl. Hawkers Report,U.C.H.K.,Dezember 1957,:18

Tab. 21 Hauptkategorien des öffentlichen Wohnungsbaues in Hong Kong[1]

Typ / Zweck	Einkommensgrenze
Wohnstandard	Management und Konstruktion
RESETTLEMENT ESTATES. Umsiedlung der Familien aus dem Crown Land: Soziale Fälle, Opfer von Naturkatastrophen, Mieter von sanierungsbedürftigen Häusern	-
Mark I bis Mark VI	Public Works- und Resettlement Dept.
GOVERNMENT LOW COST HOUSING. Wohnanlagen für sozialschwache Familien aus überbevölkerten Häusern	unter 500 H.K.$ unter 600 H.K.$ Kwai Chung Estate
3,3 m^2 pro Erwachsener; Kochnische und Wasserhahn am privaten Balkon, Toilette	Housing Authority
HOUSING AUTHORITY ESTATES. Sozialer Wohnungsbau und Eigentumswohnungen	400 - 900 H.K.$ max. 1'250 H.K.$
3,3 m^2 pro Erwachsener; Küche, Bad, Toilette	Housing Authority
HOUSING SOCIETY ESTATES. Wohnungen für Kleinverdiener	1'000 H.K.$ max. 1'250 H.K.$
3,3 m^2 pro Erwachsener; Küche, Bad, Toilette	Housing Society

Die neue Markthalle in der Nam Cheong Street wurde als Phase II des Erneuerungsprogramms (redevelopment program)[2] gebaut und Ende 1979 fertiggestellt. Der Einzug der umgesiedelten Strassenverkäufer setzte dann Anfangs 1980 ein. Die Markthalle befindet sich zwischen den neuen "Scheiben"-Blocks (new slab blocks) 19 und 20.[3] Für die ganze Wohnan-

---
1) Quelle: H.K.Government,Commissioner for Resettlement,1955-72
2) Siehe Tab.20
3) Siehe Abb.10

lage Shek Kip Mei und ihre Nachbarschaft strebt man eine totale Verkaufsfläche von 34'430 m^2 an (bis zum Frühjahr 1982, Stufe IVB), bei gleichzeitigem Ausschluss der Strassenverkäufer-Aktivitäten, die zur Zeit der vorliegenden Untersuchung noch teilweise im Bereich der Pak Tin Street, Block 17 (Strassenrestaurants) vorzufinden waren. In der Phase IVA der Erneuerung der Shek Kip Mei Wohnanlage, 1980, betrug die Gesamtfläche des kommerziellen Sektors ca. 10'950 m^2. Bei den Kapazitätsberechnungen mussten die bereits bestehenden Verkaufslokalitäten in den Zentren Upper Pak Tin Estate, Tai Hang Tun Estate und Tat Chee Avenue Development berücksichtigt werden. Die Nam Cheong Street Markthalle soll nicht nur für alltägliche Versorgung der Shek Kip Mei Bewohner, sondern auch für die Bewohner der privaten Verbauungen, südlich der Berwick Street bestimmt sein. Die empfohlene Standard-Verkaufsfläche[1] pro Kopf der Wohnbevölkerung beträgt 0,34 m^2. Dementsprechend soll die Gesamtverkaufsfläche des kommerziellen Sektors in Shek Kip Mei Estate 34'430 m^2 betragen, davon stehen bereits 22'750 m^2 zur Verfügung und weitere 11'680 m^2 sind zusätzlich geplant.

Die Benutzer der neuen Markthalle stammen aus dem alten Strassenmarkt[2] Shek Kip Mei, der sich zwischen den Umsiedlungsblocks (resettlement blocks) 9, 10 und 11, 12 befand und aus den Läden im Parterre der einzelnen erneuerungsbedürftigen Wohnblocks (Mark I und Mark II). Auch einige Strassenverkäufer aus dem benachbarten Viertel Sham Shui Po fanden Eingang in die neuen Verkaufsstellen. Trotz offensichtlichen Raummangels war die Markthalle bis Oktober 1980 noch nicht ganz ausgelastet. Die Strassenverkäufer der neuen Markthalle stehen im grossen Konkurrenzkampf mit denjenigen der nächsten Umgebung, des sehr aktiven Strassenmarktes in der Pei Ho Street. Die wichtige Frage der Zuteilung von Verkaufs-

---

1) Siehe Tab.8
2) Siehe Abb.10

standorten wird durch das Ziehen von Losen optimal "gerecht"
gelöst. Die praktische Erfahrung aber lehrt, dass nicht alle Standorte der gleichen Preislage eine gleich grosse Standortrendite abwerfen!

Bei der Umsiedlung der Strassenverkäufer und Ladenbesitzer
aus den ursprünglichen Verkaufslokalitäten in die neue Markthalle wurde die sogenannte foot-for-foot-Austauschpraxis befolgt, so wie sie seit Anfang der Erneuerung der Wohnanlage
praktiziert worden war. Diese Austauschpraxis schliesst auch
Austauschoperationen seitens der betroffenen Strassenverkäufer und Ladenbesitzer mit ein.

Die erste Umfrage der umgesiedelten Ladenbesitzer (119, davon 102 interviewt) von Lower Shek Kip Mei Estate, die in
die Shek Kip Mei Converted Estate und in die Upper Pak Tin
Wohnanlage umziehen mussten, zeigte, dass 46% aller Umgesiedelten die gleichen Verkaufsflächen zur Verfügung bekamen: 15% erhielten kleinere Verkaufsflächen und 39% erhielten grössere. Generell stieg die durchschnittliche Verkaufsfläche[1] von 22,026 m^2 auf 31,970 m^2. Wichtig ist dabei, dass
neben der Grösse der Verkaufsfläche aber noch die subjektive
Lagebeurteilung eine wichtige Rolle spielt: Es zeigten sich
58% der Umgesiedelten unzufrieden mit der verfügbaren Verkaufsfläche. Die Unzufriedenheit ist auf den sprunghaften
Anstieg der Standortkosten zurückzuführen. In den alten Blöcken waren die Mieten, die vor 20 Jahren angesetzt worden waren, bis zum Zeitpunkt der Umsiedlung nie erhöht worden.
(Die durchschnittliche Ladenmiete lag bei 148 H.K.$ und nach
dem Umzug bei 576 H.K.$). Die neuen Mieten liegen nun aber
weit über dem Niveau der ehemaligen. Diese Umsiedlung, mit
der damit verbundenen Teuerung, bewirkte bei 14% der Ladenbesitzer einen Branchenwechsel. Von 102 Ladenbesitzern muss-

---

[1] Alte Verkaufsfläche Lower Shek Kip Mei Estate = 22,01 m^2, neue Verkaufsfläche Shek Kip Mei Converted Estate (shops) = 31,95 m^2.

ten 93 zusätzlich noch Umbau-Unkosten tragen, da nach der in
Hong Kong allgemein üblichen Praxis, die Verkaufsräume ohne
jegliche Ausstattung sind und für die Mieter eine grosse finanzielle Belastung bedeuten. (Elektro-, Wasserinstallationen, Inneneinrichtung usw.) Die durchschnittlichen Gesamtunkosten beliefen sich auf 2'500 H.K.$ und im Falle eines
Restaurants schnellten sie gar auf eine Höhe von 300'000 H.
K.$ hinauf. Die hohen Mietpreise und den Raummangel versuchen 34,4% aller umgesiedelten Ladenbesitzer durch Zusammenarbeit zu überbrücken. In der Regel wird ein Laden mit 2-3
Partnern geteilt - dadurch muss der einzelne Verkäufer nur
einen Teil der Miete tragen. In der Upper Tin Wohnanlage z.
B. kommen folgende Branchen-Kombinationen vor:

a) Uhren / Papeterie / Drogerie

b) Spielzeug / Papeterie / Apotheke

c) Lebensmittel / Getränke / Gemüse / Obst

d) Kleidung / Schuhe / Schirme

24% der Ladenbesitzer bewältigen den Raummangel mit dem Mieten zusätzlicher Lagerräume.

16.2. Kritik an der Umsiedlungspraxis am Fall der Nam Cheong Street Markthalle

Im neuen Strassenverkäufer-Programm (new hawker policy) der
Regierung hat die Umsiedlungspraxis ihren vorläufigen Ausdruck gefunden. Erst nach dem endgültigen Abschluss der Phase VIB[1] wird sich definitiv zeigen, wie weit die ganze Umsiedlungsaktion gelungen ist, mit der damit zusammenhängenden Anpassung der reduzierten Wohnbevölkerung von Shek Kip
Mei an das räumliche Muster der Versorgungsstellen der Güter
des kurz- und mittelfristigen Bedarfs. Bei den Gütern des
langfristigen Bedarfs wird sich einiges ändern im Zusammenhang
mit der Fertigstellung des Supermarktes in der nächsten Nähe der Lower Pak Tin Wohnanlage.

---

1) Vgl. Tab.20

Interessant wird auch die weitere Entwicklung des Strassenmarktes in der Pei Ho Street, wo sich der Konkurrenzdruck der Nam Cheong Street Markthalle eventuell raumwirksam zeigen wird. Besonders betroffen werden die 2'200 mobilen Strassenverkäufer des Sub-Distrikts sein, da diese - durch ihre Beweglichkeit - eine höhere Raumwirksamkeit besitzen als die anderen Strassenverkäufer-Gruppen. Es ist aber kaum zu erwarten, dass dadurch die Monopolstellung der Gemüse- und Obst-Strassenverkäufer erschüttert sein wird. Bei den Gütern des langfristigen Bedarfs wird sich wahrscheinlich dasselbe wiederholen, was am britischen Beispiel der department stores in der Periode 1950 bis 1966 Peter Scott beschrieben hat.[1] Bei 50%-Anstieg der Anzahl der department stores erhöhte sich deren Anteil an Gewinnen des Distributionssystems in Gross Britannien nur um 6%. Damals war das Fehlen einer zahlungskräftigen Mittelschicht schuld am beschriebenen Vorgang. Vorläufig scheint es, dass der Sham Shui Po Sub-Distrikt mit seiner Einkommensstruktur nur wenig geeignet ist für ein Ansiedeln von Verteilerketten für Artikel gehobener Preislage. Nach L.C. Lu und H.K. Tsoi[2] werden drei Phasen der Strassenverkäufer-Umsiedlung beschrieben:

a) Unmittelbar vor der Umsiedlung
b) Unmittelbar nach der Umsiedlung
c) Lange Zeit nach der Umsiedlung

Die vorliegende Untersuchung setzt gerade in die zweite Phase ein. In der Nam Cheong Street Markthalle wurden den umgesiedelten Strassenverkäufern insgesamt 364 Verkaufsstände verschiedener Grösse angeboten. Dabei waren zur Zeit der Untersuchung, vier Monate nach der offiziellen Eröffnung, 14 Verkaufsstände im Parterre und 34 im ersten Stock unbesetzt. In der Upper Pak Tin Estate Markthalle waren pro Stockwerk im Durchschnitt 4 Verkaufsstände unbesetzt, wobei hauptsäch-

---

1) Vgl. P.Scott,1970,:80
2) Vgl. L.C.Lu und H.K.Tsoi,1972,:8

lich die oberen Stockwerke davon betroffen waren. Diese Situation entspricht den Berichten der Market Branch, U.S.D., nach denen in den neuen öffentlichen Markthallen 16,6% aller erhältlichen Verkaufsstandorte unbesetzt waren. Von 40 befragten Strassenverkäufern in der Upper Pak Tin Estate Markthalle sind 28 zufrieden mit dem zugeteilten Verkaufsstandort und 45 Strassenverkäufer sind es in der anderen Markthalle.[1] Insgesamt sind 73% der befragten Strassenverkäufer zufrieden - und 27% unzufrieden mit dem zugeteilten Verkaufsstandort in der Markthalle. Folgende Fakten bewirken die Unzufriedenheit der umgesiedelten Strassenverkäufer:

a) Niedrigere Standortrendite im ersten Stock der Markthalle, welche stark under denjenigen im Parterre liegt
b) Ungünstiger Grundriss der Markthalle, welcher den Kundenstrom nur durch Hauptgänge lenkt[2]
c) Bedeutend höhere Mieten
d) Verbot in der Markthalle zu schlafen
e) Ausbleiben des zu erwartenden Kundenvolumens
f) Preisdruck der Konkurrenz (Pei Ho Street Market)
g) Schlechte Installationen.

Die Umsiedlungsaktionen verschieden grosser Strassenverkäufer-Gruppen wurden ausser in Hong Kong in Jakarta, Singapore, Kuala Lumpur und anderswo durchgeführt.[3] Sehr oft wurde eine temporäre Umsiedlung betätigt, welche es ermöglichen sollte, die Strassenverkäufer nach der abgeschlossenen Erneuerungsaktion an den ursprünglichen Verkaufsstandort zurückzuführen. Diese Umsiedlungsart im Bereich einer Gehdistanz von 10-20 Minuten erfolgt, denn dann verlieren die Strassenverkäufer die Kundschaft aus der nächsten Nachbarschaft nicht. Bekannt

---

1) Negative Antwort:Upper Pak Tin Estate Markthalle,Verkaufsstände No.:16,17, 10,22,70,2,63,67,11,58,28,23,63,73. Nam Cheong Street Markthalle,Verkaufsstände No.:212/I,129,119,216/I,4,8/I,364,106,232,191,120,206,123,107,210/I
2) Vgl. T.G.McGee und Y.M.Yeung,1973,:53
3) Vgl. J.H.Stine,1962,:68 ff.; R.Mayer und S.Hollander,Hrsg.,1968; G.Wadinnambiaratchi,1965,:74 ff.; Y.M.Yeung,1973

ist der Fall aus Jakarta, wo die Strassenverkäufer, trotz kurzer Umsiedlungsdistanz (ca. 825 m), lieber andere Standorte aufgesucht haben als die neue Markthalle Business Centre Krekot Barat.[1] Ein anderes, diesmal positives Beispiel einer langsamen Umsiedlung (long term relocation) ist aus Singapore bekannt. Dort gelang es dem Stadtplanungsamt (Town Planning Office), eine sehr effiziente mehrstöckige Markthalle einzurichten, welche aber auch als Kaufhaus fungiert. Eine funktional geschickte Durchmischung der einzelnen Warenbranchen und vor allem der architektonische Ausdruck dieser Markthalle sind nachahmungswürdig. Dabei darf man nicht vergessen, dass der ganze Umsiedlungsprozess wegen der laisserfaire Wirtschaftspolitik in Hong Kong viel komplizierter ist als derjenige in Singapore.[2]

---

1) Vgl. T.G.McGee,1970,:40
2) Vgl. Y.M.Yeung,1974,:147 ff.; 1975,:285 ff.

17. VERSORGUNG DER ARBEITERFAMILIEN VON CHEUNG SHA WAN UND SHEK KIP MEI

Um die reale Wirksamkeit der in New Kowloon (NW) vorhandenen Verteilernetze des traditionellen und des modernen Distributionssystems[1] zu erforschen, wurden zwei Konsumenten-Testgruppen ausgewählt aufgrund folgender Kriterien:[2]

a) Es soll sich um Arbeiterfamilien mit niedrigem Einkommen zwischen 1'500 und 2'500 H.K.$ pro Monat handeln.
b) Ihre Wohnorte sollen sich grösstenteils im engeren Einzugsgebiet der bereits untersuchten öffentlichen Markthalle in der Nam Cheong Street und der Upper Pak Tin Wohnanlage, bzw. des Strassenmarktes in der Pei Ho Street, befinden.
c) Das Durchschnittsalter der Befragten soll zwischen 25 und 35 Jahren liegen. (Durchschnittliches Alter der erwerbstätigen Frau in Hong Kong).
d) Die Wohnstellen der Befragten sollen in verschiedenen Wohnzonen liegen.
e) Alle Familien sollen Kinder haben.

Anhand dieser fünf Grundkriterien fiel die Wahl auf die Arbeiterfamilien, deren Kleinkinder im Vorschulalter von der lokalen Tsung Tsin Mission in den Kindergärten On Hong Day Nurcery und On Yan Day Nurcery, betreut werden. Insgesamt wurden 63 Familien besucht und von uns interviewt.[3] Die On Hong Day Nurcery der Tsung Tsin Mission hat ihren Sitz in der Un Chau Street 15A. Hier werden 66 Arbeiterkleinkinder ganztägig betreut. 60 Elternpaare wurden um ein Gespräch gebeten und 57 haben geantwortet. Davon haben sich 29 bereit erklärt, mit uns, in ihrer Privatwohnung, zu sprechen. Im Parterre des Blocks 19 der Upper Pak Tin Wohnanlage ist die On Yan Day Nurcery der Tsung Tsin Mission angesiedelt. Sie betreut 120 Arbeiterkleinkinder. In diesem Kindergarten wurden 100 Elternpaare um ein Interview gebeten, davon haben 70 unsere Anfrage beantwortet und 34 Elternpaare waren bereit, sich Zeit für die Befragung zu nehmen. In den 63 besuchten Arbeiterfamilien haben wir 58 Frauen und 5 Männer befragt. Die Annahme, dass gerade die Hausfrauen-

---

1) Strassenmärkte,Markthallen,Basare - Läden,Kaufhäuser,Supermärkte
2) Siehe sozialräumliche Grunddaten der befragten Familien
3) Siehe Fragebogen B.1. - B.4.

Kategorie für die vorliegende Untersuchung besonders geeignet ist,
dank ihrer grösseren Bindung an das jeweilige Wohnviertel bei
gleichzeitig schwächerer Aussenbestimmung der Zeitverwendung bei
den Versorgungsaktivitäten, hat zu unserer Wahl derselben als Un-
tersuchungsgruppe beigetragen. Von 58 befragten Frauen waren 33
Hausfrauen. Sie übten aber, neben ihren üblichen haushälterischen
und erzieherischen Tätigkeiten, noch zusätzlich Heimarbeit aus -
meistens im Auftrag der im Wohnviertel angesiedelten industriellen
Kleinfirmen. Diese Frauen sind also unverbleichbar höher arbeits-
teilig belastet, als es bei den vergleichbaren europäischen Haus-
frauen-Gruppen der Fall ist.

Das Durchschnittsalter der interviewten Frauen liegt bei 31 Jahren
und bei den Männern bei 36 Jahren. Die jüngste befragte Hausfrau
ist 21 jährig und der jüngste befragte Mann 24 jährig.

Tab. 22   Familiengrösse der befragten Arbeiterfamilien

Familiengrösse	Anzahl der Familien
3 Familienmitglieder	4
4 "	29
5 "	21
6 "	7
7 "	2

Aus der Tab. 22 ist die mittlere Familiengrösse abzuleiten. Mit 4
bis 5 Mitgliedern liegen die befragten Familien innerhalb des
Durchschnitts der Altersklasse der 30 bis 40 jährigen in der Kronkolonie.[1]

Der enorme Wohnungsmangel, insbesondere im Distrikt Cheung Sha Wan,
bedingte die relativ lange 6½ jährige durchschnittliche Wohndauer

---

[1] Vgl. K.C.Chan,1978,:59

an einem Ort.[1] In den neueren Wohnanlagen, wie z.B. im Pak Tin
Estate ist sie um einiges kürzer. 33% der befragten Arbeiterfamilien leben in den Privatwohnungen von Sham Shui Po, Cheung Sha
Wan, Lai Chi Kok. Die restlichen 67% leben in den Wohnanlagen des
öffentlich geförderten Wohnungsbaues, in Shek Kip Mei Estate, Pak
Tin Estate, Wo Che Estate, N.T., Choi Wan Estate, Lai King Estate,
Cheung Sha Wan Estate. Zu dieser Gruppe werden auch die Arbeiterfamilien aus den provisorischen Baracken-Unterkünften des Temporary
Housing in Shek Kip Mei gezählt.[2] Bei den besuchten Wohnungen in
den privaten Wohneinheiten handelt es sich entweder um Einraumwohnungen mit Küche, um Wohnungen mit lediglich abgetrennten Räumen
(cubicles), um Wohnungen mit dauerhaft untergliederten Räumen oder
um Mischformen. Die befragten Arbeiterfamilien wohnen in Räumlichkeiten von erschreckender Enge und Dunkelheit. In zwei der besuchten Wohnungen konnten wir die sogenannten cocklofts beobachten. Es
handelt sich dabei um schmale Räume, die durch eine behelfsmässig
angebrachte Zwischendecke in einem Teil des Zimmers oder des Korridors gewonnen worden sind. Der Wohnstandard in den besuchten
Wohnungen der öffentlichen Wohnanlagen ist bedeutend höher einzustufen[3] als derjenige in den privaten Verbauungen. Keine der befragten Familien wohnte in den squatters oder auf den Hausbooten.

Für die arbeitstätigen Mitglieder der befragten Arbeiterfamilien
ist ein enorm langer Arbeitstag charakteristisch: Sie stehen zwischen 05.30 und 07.30 Uhr auf und beenden den Tag erst gegen 21.30
und 24.00 Uhr. Eine einzige Ausnahme bilden die Familien der Taxichauffeure, die eine andere Arbeitszeiteinteilung haben. Insofern
sie Nachtschicht leisten, gehen diese erst gegen 02.00 Uhr zu Bett.
Aehnliches gilt auch für die Industriearbeiter. Die Strassenverkäufer unter den befragten Arbeitern gehören auch zu den Frühaufstehern.

---

1) Die längste Wohndauer hat die Familie No.103:28 Jahre. Die kürzeste Wohndauer hat die Familie No.98:3 Monate. Siehe sozialräumliche Grunddaten der befragten Familien.
2) Siehe sozialräumliche Grunddaten der befragten Arbeiterfamilien
3) Vgl. Housing Authority Estate Property, Hong Kong, März 1978;106,162,166,202ff.

Bei den 25 - ausserhalb des Haushaltes arbeitenden Frauen - arbeiten 80% im Distrikt Cheung Sha Wan.[1] Dies bedeutet für sie weniger als 20 Minuten Gehentfernung zur jeweiligen Arbeitsstelle. 60% der Befragten gehen zu Fuss zur Arbeit. Die restlichen benützen den Bus 20%, den Minibus 12%, die MTR 4%, den Fabrikbus 4%. Bei den auswärts arbeitenden Ehemännern der befragten Frauen sieht die Zusammensetzung der benützten Verkehrsmittel und die benötigte Verkehrszeit anders aus als bei den befragten Frauen.[2]

Tab. 23 Verkehrsmittel und Verkehrszeit der befragten Familien

Verkehrsmittel	%Männer	Verkehrszeit (Minuten)	%Frauen	Verkehrszeit (Minuten)
Bus	43	62	20	30
Minibus	24	75	12	60
MTR	8	22	4	20
Zu Fuss	19	20	60	19
Fabrikbus	1	80	4	80
Taxi	3	75	-	-
Motorrad	2	66	-	-

Der eigentliche Grund für den auffälligen Unterschied zwischen Männern und Frauen, betreffs benützte Verkehrsmittel und jeweilige Verkehrszeit, ist die Tatsache, dass die Männer eher in distriktfernen Betrieben arbeiten. Die Frauen hingegen, durch die Arbeitsmarktsituation im eigenen Distrikt Cheung Sha Wan begünstigt, suchen distrikteigene Kleinbetriebe auf, die wiederum ortsansässige, unqualifizierte weibliche Arbeitskräfte bevorzugen. Diese Frauen arbeiten grösstenteils im Akkord. Die Frauen sind relativ benachteiligt punkto schulische Ausbildung: Die Sekundarschule haben nur 6% besucht, bei den Männern aber sind es 18%. Der Prozentsatz der Frauen ohne beendete Grundschule ist auch höher, es sind dies 36%;

---

1) Industrielle Kleinbetriebe:Textil-,Metall-,Garn-,Konfektion-Manufakturen
2) Siehe Tab.23

bei den befragten Männern nur 27%. Im Vergleich mit europäischen Verhältnissen sind die befragten Hausfrauen enorm an ihren Haushalt gebunden.[1] Unter dem Begriff Bindung an den Haushalt versteht man die arbeitsmässige und zeitliche Beanspruchung der Hausfrau durch ihre Versorgungspflichten für alle Mitglieder des getesteten Haushaltes. Im Durchschnitt verlassen diese Hausfrauen zweimal täglich ihre Wohnung. Alle Aussenaktivitäten werden so gebündelt, dass sie mit dem Tagespflichtenheft der Kinder im Einklang stehen. Insbesondere die Erziehung und Betreuung der noch nicht schulpflichtigen Kinder bindet die Hausfrau im Cheung Sha Wan Distrikt erhöht an den Haushalt. Die Wohnbedingungen in den privaten Verbauungen erschweren die Arbeit der Hausfrau noch zusätzlich. Wenn sich die Hausfrauen zumindest kurzfristig von der Betreuungsrolle lösen müssen, benützen sie ihre Kontakte zu den Nachbarinnen und bitten sie, während ihrer Abwesenheit zu den Kindern zu schauen. Gute Kontakte zu den Korridor- bzw. Wohnungsnachbarn wären also von grundsätzlicher Bedeutung. Hauptsächlich Mütter von Kindern im Säuglingsalter und im Kleinkind- oder Vorschulalter sind während ihrer Abwesenheit des öftern auf nachbarliche Hilfe angewiesen.

Im allgemeinen werden aber die Kontakte ausserhalb der Wohnung kaum gepflegt. Man darf diesbezüglich nicht vergessen, dass die Wohnungen in den privaten Verbauungen in der Regel mehrere Familien bzw. Untermieter beherbergen, was gezwungenermassen zu allzu häufigen Kontakten führt. Die schreckliche Enge dieser Wohnungen lässt eigentlich kaum viele Besuche zu. 60,3% aller Hausfrauen sprechen täglich mit ihren Korridornachbarn. 22% besuchen sich täglich kurzfristig in ihren Wohnungen; 1,6% der Befragten statten wöchentlich einen Besuch bei den Nachbarn ab; 7,9% besuchen einmal monatlich eine Nachbarsfamilie und 68,3% aller befragten Hausfrauen verzichten überhaupt auf gegenseitige Besuche. Eine solche Kontaktarmut ist für die solidarische Hilfe unter den Hausfrauen sehr abträglich! Die immer grösser werdende Isolierung der modernen Kernfamilie in Hong Kong ist - allen Traditionen zuwider - aus der Tab.

---

1) Vgl. D.Klingbeil,1978,:109,180 ff.

24 gut ersichtlich.

Tab. 24   Besuchsfrequenz innerhalb der Verwandtschaft

Besuchsfrequenz	Befragte (%)
Täglich (gleiche Wohnung, Wohnanlage)	3
Vor einigen Wochen	6
Vor einem Monat	8
Vor einigen Monaten	2
Am letzten Sonntag	21
Während der Festtage, einmal jährlich	14
Kein Besuch	46

Der einzige Tag, an welchem der Tagesablauf und der Arbeitsrhythmus der befragten Hausfrauen anders aussieht als an anderen Wochentagen ist der Sonntag. Am Sonntag verlassen alle befragten Familien die Wohnung. Diese Aussenaktivitäten spielen sich grösstenteils an distriktfernen Lokalitäten ab. So fahren 30,15% der Arbeiterfamilien - auf der Suche nach Erholung - in die New Territories oder gar auf die entlegenen Inseln (Outlying Islands). Das Schwimmen bevorzugen 12,6%, Besuch eines Spielplatzes 11,1%, Besuch eines Restaurants 23,8%, Parkbesuch (Botanischer Garten) 19,04%, Kinobesuch 1,58%, Kirchenbesuch 1,58%. Allenfalls für 22,2% aller befragten bedeutet auch der Sonntag nur ein kurzer Unterbruch der betriebenen Heimarbeit. Das Fernsehen gehört in Hong Kong zur sehr populären Freizeitbeschäftigung; die sonntägliche Einschaltquote liegt bei 46,03%. Auch die verschiedenen Gesellschaftsspiele, wie z.B. Mahjong sind geeignete Freizeitbeschäftigungen innerhalb der Wohnungen, da sie kaum Raum in Anspruch nehmen und doch viele Familienmitglieder daran teilnehmen lassen.

Die Ausgangsrationalität ist erkennbar an der Art, wie die Befragten ihre Tätigkeiten koppeln, wie sie ihre individuellen raumstrukturellen Muster entwickeln. Bei den befragten Frauen kann man folgende Grundaussenaktivitäten erkennen:

a) Einkaufen
b) Schul- bzw. Kindergartengang mit den Kindern
c) Holen von Rohmaterial für die Heimarbeit, bzw. Abliefern der angefertigten Ware in der Manufaktur
d) Esslokalbesuch
e) Freizeitaktivitäten (an Sonntagen)

Alle anderen Aussenaktivitäten fallen weniger ins Gewicht, da die genannten zeitlich 92% aller Aussentätigkeiten ausmachen. An Wochentagen verwenden die befragten Frauen durchschnittlich 63 Minuten für das Einkaufen, wobei sich bevorzugte Tageszeitintervalle beobachten lassen, die man wiederum als Anpassung an die tageszeitlich gebundenen Erziehungs- und Ernährungspflichten betrachten kann, bzw. an die Arbeitszeit der industriellen Kleinbetriebe, für welche die Hausfrauen als Lieferanten von Halbprodukten dienen. Viel weniger ist die tageszeitliche Verteilung der Versorgungsausgänge (shopping trips) von den Ladenöffnungszeiten beeinflusst, da diese viel länger und flexibler sind als in Europa. Insbesondere gilt diese Aussage für die öffentlichen Markthallen und Strassenmärkte. 23,80% der Hausfrauen gehen zwischen 9.00 - 11.00 Uhr einkaufen; 28,57% zwischen 16.30 - 17.30 Uhr. 15,80% der restlichen, auswärts arbeitenden Frauen (zusammen mit den 5 befragten Männern) bevorzugen das Einkaufen morgens früh zwischen 06.00 - 07.00 Uhr, und 31,83% kaufen zwischen 19.00 - 20.00 Uhr ein. Samstags vermelden die Befragten die gleichen Ausgangszeiten wie an anderen Wochentagen und auch die Einkaufshäufigkeit bleibt an Samstagen stabil. Am Sonntag gehen 65% der befragten Frauen einkaufen, aber die durchschnittliche Zeitsumme beläuft sich auf 43 Minuten, ist also kürzer als an anderen Wochentagen. Die sehr starke Bindung an den Haushalt beeinflusst eindeutig die Tätigkeitsdauer im Konsumbereich. 38% der Hausfrauen gehen zusammen mit ihren Kindern regelmässig zum Einkaufen. Die restlichen 63% kaufen alleine, ohne Begleitpersonen ein.

Die Tab. 25 zeigt klar die grosse Einkaufsfrequenz bei der Warengruppe Gemüse, Fleisch und gleichzeitig die ebenfalls hohe Frequenz

Tab. 25 Einkaufsfrequenz (% Befragte)

Artikel	täglich	wöchentlich	monatlich	selten	nie
Reis	-	-	2x 77	22	-
Gellée	-	-	2x 65	34	-
Gemüse	93	5-6x 4	4x 1	-	-
Fleisch	93	5-6x 4	-	-	1
Papierartikel	-	-	2x 57	42	-
Keramik	-	-	17	4	77
Elektro	-	-	19	41	39
Cafeeshop	66	-	-	17	15
Chin.Apotheke	-	-	3x 82	9	7

der Besuche der zahlreichen neuen Kaffeehäuser und Snackbars des Viertels. Obwohl in 90,47% der besuchten Haushalte zweimal täglich gekocht wird, gehören die Restaurantbesuche zu den sehr wichtigen und populären Versorgungsaktivitäten. 68,25% aller Arbeiterfamilien suchen zweimal in der Woche ein nahe gelegenes Restaurant[1] auf, wobei 40% der Restaurantbesuche den Strassenrestaurants gelten. Im eigenen Wohndistrikt liegen 37% der besuchten Restaurants, d.h. dass die durchschnittliche Entfernung der Restaurants von der Wohnstelle mit einem Aktionsradius von 1'300 m angegeben werden kann. Dies bedeutet wiederum, dass alle Restaurants zu Fuss erreicht werden können. Die Ausnahme bilden 6 Restaurants, welche sich ausserhalb der eigentlichen Wohndistrikte Shek Kip Mei und Cheung Sha Wan (Sham Shui Po) befinden.[2] Diese sechs angegebenen Restaurants weichen distanziell stark von den ersteren ab, sie sind als solche kaum von Belang. Sie liegen nämlich alle in der Nähe der Verwandtschaft oder der Freunde und werden an Sonn-

---

1) Yu Chau Street:8, Pak Tin Estate:8, Berwick Street:1, Castle Peak Road:2, Tai Po Road:3, Pei Ho Street:1, Fuk Wing Street:3, Shek Kip Mei:5, Cheung Sha Wan Estate:1, Lai Chi Kok Road:1, Kweilin Road:1, Nam Cheong Street:1, Boundary Street:2

2) Yuen Long Estate:1, Tsimshatsui:1, H.K.:1, Oi Man Estate:1, Shatin:1, Mongkok:1

tagen frequentiert. Der Aktionsradius ist hier sehr hoch, er beträgt ca. 3,5 km. Trotzdem der Restaurantbesuch einen höheren Aktionsradius besitzt als das Einkaufen der kurz- und mittelfristigen Warengruppen, zeigt er sich als eine sehr wichtige Versorgungsaktivität der Arbeiterfamilien.

Von zentraler Bedeutung für die befragten Arbeiterfamilien ist der Strassenmarkt in der Pei Ho Street.[1] Er wird regelmässig von 58,73% der befragten Frauen zum Einkaufen besucht. An zweiter Stelle, mit 15,87% figurieren die restlichen Strassenverkaufsstände in der Shek Kip Mei Wohnanlage. Der zweite grosse Strassenmarkt in der Shun Ning Road ist für die untersuchte Kunden-Gruppe relativ von niedriger Anziehungskraft, lediglich 4,75% der Befragten wählen diesen Strassenmarkt als Einkaufsort. Das ganze Bedarfsareal der untersuchten Arbeiterfamilien, hinsichtlich der Einkäufe im Strassenmarkt, steht aufgrund des kleinen Aktionsradius von ca. 1'000 m auf einem mittleren Ausstattungsniveau.[2]

Für 25,39% der Befragten liegen die entferntesten Strassenmärkte, in welchen sie je eingekauft haben, immer noch innerhalb des Untersuchungsraumes Cheung Sha Wan (Sham Shui Po) und Shek Kip Mei. Die Strecke bis zu den konsumptiven Bedarfsstellen werden ausschliesslich zu Fuss bewältigt. Ueber die Verteilung der entferntesten, je besuchten Strassenmärkten lässt sich generell zusammen-

---

1) Als "nächste Strassenmärkte" werden genannt:Pei Ho Street:37, Upper Pak Tin: 5, Shek Kip Mei:10, Nam Shan:1, Yau Ma Tei:1, Mongkok:3, Shun Ning Road:3, Cheung Sha Wan:1, Lai King Estate:1. Siehe Fragebogen B2.27
2) Die mittlere Grösse des Aktionsradius, welche der durchschnittlichen Entfernung der Versorgungsstelle von der Wohnstelle entspricht, gibt gleichzeitig das relative Ausstattungsniveau eines Wohndistrikts an. Es werden hier drei Grade der relativen Ausstattung mit den Versorgungseinrichtungen unterschieden:
hoch   unter   800 m Aktionsradius
mittel   800-1300 m Aktionsradius
niedrig   mehr als   1300 m Aktionsradius
Nach: W.Laschinger und L.Lötscher,1978,:159
Pei Ho Street:10, Shun Ning Road:2, Shek Kip Mei Estate:2, Un Chau Street:1, Castle Peak Road:1

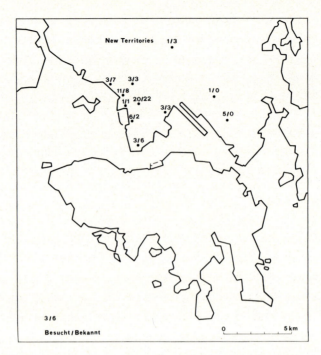

Abb. 23 Entfernteste Strassenmärkte, Fragebogen B.3.32./33.

fassend sagen,[1] dass sie zu 74,60% im westlichen Saum der Halbinsel Kowloon liegen, zu 9,52% in New Kowloon (E) und zu 1,58% in den New Territories.[2] Die Kenntnis der Hausfrauen von den entferntesten Strassenmärkten in Kowloon ist geringer als erwartet.[3] Für 4,75% liegen die entferntesten, noch bekannten Strassenmärkte in den New Territories und für 95,25% sind diese Versorgungsstellen in Kowloon West angesiedelt. Bei den öffentlichen Markthallen[4]

---

1) Tsim Sha Tsui:3, Tai Kok Tsui:1, Poplar Street:1, Mongkok:20, Yaumatei:3, Jordan Road:3, Ngau Tau Kok:1, Kwun Tong:5, Shun Ning Road:2, Kowloon City:3.
2) Pei Ho Street:6, Mongkok:21, Yaumatei:1, Shek Kip Mei:2, Nam Cheong Street:1, Sai Yeung Choi Street:4, Tsuen Mun:1, Yau Tong:1, Kwun Chung Street:3, Jordan Road:1, Tai Po Market:1, Lai King Estate:1, Tsim Sha Tsui:6, Castle Peak Road:3, Kowloon City:4, Tung Choi Street:1, Tai Kok Tsui:1, Yau Tong Estate:1, Tsz Wan Shan Estate:1, Tai Nan Street:1, Yu Chau Street:1, Yau Tong Estate:1.
3) Sham Shui Po,Kweilin Street:15, Nam Cheong Street:22, Upper Pak Tin Estate:18, Shun Ning Road:1, Cheung Sha Wan Estate:1, Yu Chau Street:1, Lai Chi Kok Road:1, Nam Sha Wan Estate:1, Lai King Estate:1, Choi Wan Estate:1, Tsim Sha Tsui:1, Tsz Wan Shan Estate:1, Castle Peak Road:1, Tai Nan Street:1,Siehe Abb.22

ist die neueröffnete Markthalle in der Nam Cheong Street führend mit einem Kundenanteil von 35%, gefolgt von derjenigen im Upper Pak Tin Estate mit 29% und Sham Shui Po in der Kweilin Street mit 27%. Alle restlichen Markthallen haben einen Kundenanteil von weniger als 9%.

Das ganze Bedarfsareal der untersuchten Arbeiterfamilien, hinsichtlich der Einkäufe in den öffentlichen Markthallen, ist - verglichen mit Strassenmärkten von etwa derselben Flächengrösse und - aufgrund des kleinen Aktionsradius - von einem mittleren Ausstattungsniveau. Nur die prozentuale Gewichtung der Einkaufsbesuche verschiebt sich zugunsten der neuen Markthalle in der Nam Cheong Street, am Rande der in der Erneuerung begriffenen Wohnanlage Shek Kip Mei, wobei der Strassenmarkt in der Pei Ho Street unter den ortsnahen Strassenmärkten weiter seine zentrale Position im Untersuchungsgebiet behauptet. Für 22,22% der Befragten bildet die öffentliche Markthalle in der Nam Cheong Street die einzig bekannte Versorgungsstelle auf dieser Bedarfsstufe. Von auffallender Bedeutung ist die öffentliche Markthalle im District Mongkok mit einem Kundenanteil von 22,22%. Die restlichen Kundenanteile sind stark gestreut, vor allem sind es die öffentlichen Markthallen im West- und Central-Kowloon.[1]

Uebrigens waren die Befragten punkto öffentliche Markthallen viel besser informiert als punkto Strassenmärkte.[2] Dies ist mit dem höheren Zentralitätsgrad der öffentlichen Markthallen und mit der Tatsache, dass die Strassenmärkte dementsprechend geringere Einzugsgebiete haben, zu erklären.

Eine leicht abweichende Zusammensetzung weisen die Versorgungsgänge in die Kaufhäuser auf. Führend ist das Kaufhaus (emporium) in der Pei Ho Street, mit 22,22%, gefolgt vom Einkaufskomplex in der Upper Pak Tin Wohnanlage mit 20,63% und dem Nam Cheong Street Emporium mit 11,11%. Die Kaufhäuser von Mongkok haben einen 11,11%-Kunden-

---

1) Siehe Abb.24
2) Siehe Fragebogen B.3.32

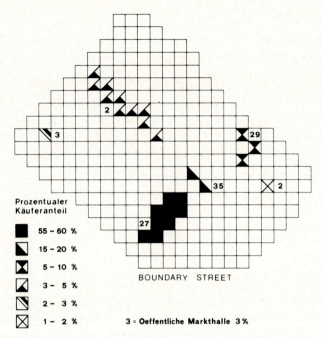

Abb. 24 Bedarfsareale der Arbeiterfamilien: Strassenmärkte, Markthallen, Basare, Hektarraster, Fragebogen B.2.27./28./3.29.

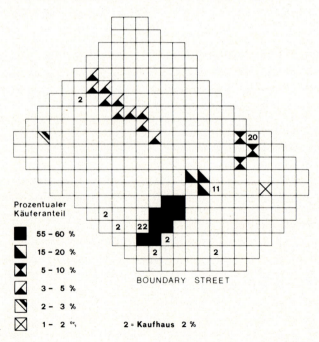

Abb. 25 Bedarfsareale der Arbeiterfamilien: Strassenmärkte, Kaufhäuser, Hektarraster, Fragebogen B.2.27./3.29.

anteil.[1] Die Abb. 24 und Abb. 25 halten im Hektarraster verortete prozentuale Käuferanteile fest bei den öffentlichen Markthallen einerseits und bei den Kaufhäusern andererseits. In beiden Darstellungen wiederholt sich auch der verortete prozentuale Käuferanteil der Strassenmärkte des Untersuchungsraumes. Diese schematisierte Sicht ermöglicht dem Betrachter das Erkennen der hierarchischen Anordung der Versorgungszentren im Untersuchungsraum: Von besonderer Bedeutung für die befragten Arbeiterfamilien ist insbesondere der Raum zwischen der Nam Cheong Street, Süd, der Pei Ho Street, der Yen Chow Street und der quer dazu verlaufenden Achse der Lai Chi Kok Road. An zweiter Stelle befindet sich der Raum entlang des mittleren Teils der Nam Cheong Street, zwischen dem alten Lower Shek Kip Mei Estate und dem Converted Shek Kip Mei Estate. Den dritten Schwerpunkt bildet der Upper Pak Tin Estate. Der Nam Shan Estate, die Shun Ning Road und der Un Chau Estate sind hingegen nur von geringer Bedeutung. Um die Versorgungsstruktur des Untersuchungsraumes genauer, d.h. so wie sie sich die befragten Arbeiterfamilien zu nützen wissen, also subjektiv, erfassen zu können, wurden die genauen Verkaufsstellen von sieben Warentypen verortet, von Gütern des kurz-, mittel- und langfristigen Bedarfes, Fleisch, Gemüse, Kleidung, Zeitungen, Schuhe, Radio, Fernsehgerät, die entsprechenden Käuferanteile ausgerechnet und in den Hektarraster eingetragen. Die enorme Bedeutung des Strassenmarktes in der Pei Ho Street wird in der Hektarraster-Darstellung der prozentualen Käuferanteile graphisch ersichtlich.[2]

---

1) Siehe Abb.25
2) Siehe Abb.26-31

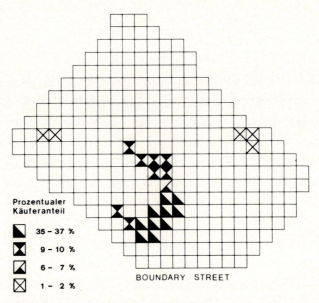

Abb. 26 Bedarfsareale: Kleidung, Hektarraster, Fragebogen B.3.34.

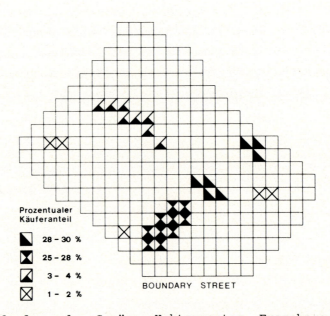

Abb. 27 Bedarfsareale: Gemüse, Hektarraster, Fragebogen B.3.34.

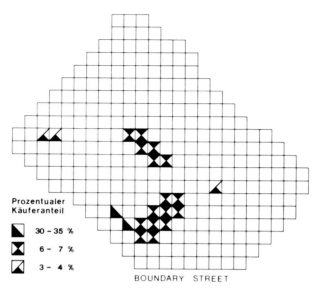

Abb. 28 Bedarfsareale: Radio, Hektarraster, Fragebogen B.3.34.

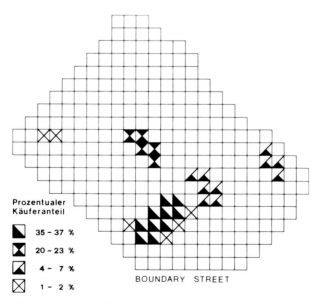

Abb. 29 Bedarfsareale: Schuhe, Hektarraster, Fragebogen B.3.34.

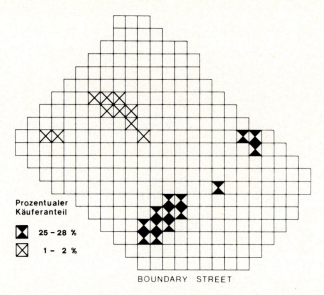

Abb. 30 Bedarfsareale: Fleisch, Hektarraster, Fragebogen B.3.34.

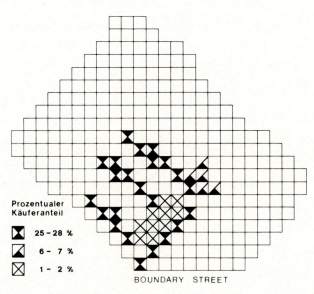

Abb. 31 Bedarfsareale: Fernsehgerät, Hektarraster, Fragebogen B.3.34.

Tab. 26 Prozentualer Käuferanteil
        (Strassenmärkte: Pei Ho Street, Shun Ning Road)

Artikel	Pei Ho Street	Shun Ning Road
Fleisch	26,98	3,17
Gemüse	25,39	3,17
Kleidung	36,50	-
Zeitungen	17,45	-
Schuhe	36,50	-
Radio	6,34	-
Fernsehgerät	6,34	-

Eine deutliche Randlage des zweiten Strassenmarktes in der Shun Ning Road zeigt die Tab. 26. Das Aufheben des alten Strassenmarktes der Lower Shek Kip Mei Wohnanlage, welches im Zusammenhang stand mit dem Umbau und der darauf einsetzenden Umsiedlung eines minderen Teils der Strassenverkäufer in die neu erstellte Markthalle in der Nam Cheong Street, verursachte eine neue Gewichtung der Versorgungsstruktur im untersuchten Raum. Die neue öffentliche Markthalle vermag ohnehin schon - drei Monate nach der Instandsetzung - 28,57% aller Gemüseeinkäufe, 6,34% aller Kleidungskäufe, 25,39% aller Fleischkäufe an sich zu reissen. (Bei anderen Warengruppen liegt der jeweilige prozentuale Käuferanteil unter 6,34%).

Tab. 27   Prozentualer Käuferanteil

Artikel	Strassenverkäufer auf der Strasse	abseits der Strasse	andere Bedarfsstellen
Fleisch	30,15	52,37	4,75
Gemüse	30,15	60,30	4,81
Kleidung	36,50	7,92	33,38
Zeitungen	39,66	38,08	17,52
Schuhe	36,50	11,09	28,50
Radio	6,34	-	69,89
Fernsehgerät	1,58	-	63,55

Die Güter der so wichtigen Warengruppen Fleisch und Gemüse werden von den befragten Arbeiterfamilien zu 1/3 auf der Strasse gekauft. Wenn man zusätzlich noch die Strassenverkaufsstände in den Markthallen und Basaren heranzieht, werden bis 95,19% der Gemüseeinkäufe und 90,45% der Fleischeinkäufe bei den Strassenverkäufern getätigt.[1]

Tab. 28   Bedarfsstellen der befragten Arbeiterfamilien

Artikel	im Wohndistrikt (%)	ausserhalb des Wohndistrikts (%)
Fleisch	87,27	12,73
Gemüse	95,26	4,74
Kleidung	77,80	22,20
Zeitungen	95,26	4,74
Schuhe	76,09	23,91
Radio	76,23	23,77
Fernsehgerät	63,13	23,77

Für alle Warengruppen liegt die Mehrheit der Bedarfsstellen im eigenen Wohndistrikt.[2]

---

1) Siehe Tab. 27
2) Siehe Tab. 28

a) Sauber   . ● . . Schmutzig

b) Hohe Warenqualität . ● . . Niedrige Warenqualität

c) Billig   . ● . . Teuer

d) Vorteilhaft   ● . . . Unvorteilhaft

e) Nah   ● . . . Fern

f) Freundliche   . ● . . Unfreundliche
   Verkäufer   Verkäufer

g) Gute Bedienung   . ● . . Schlechte Bedienung

h) Schneller Einkauf ● . . . Langsamer Einkauf

Abb. 32 Polaritätsdiagramm. Oeffentliche Markthallen als Einkaufsort. Fragebogen B.4.38.

Die subjektive Einstellung der befragten Kunden-Testgruppe zu den öffentlichen Markthallen, in welchen die umgesiedelten Strassenverkäufer arbeiten, haben wir am konkreten Fall der Nam Cheong Street Markthalle prüfen können. Das Polaritätsdiagramm[1] gibt die subjektiven Aussagen der Hausfrauen und Familienvorstände wieder. In dieser summaren Sicht zeigt sich ein recht positives Bild der öffentlichen Markthalle, deren unmittelbare Nähe, vorteilhafte Einkaufsmöglichkeiten und schnelles Einkaufen geschätzt werden. Andererseits werden Sauberkeit im Innern der Markthalle, gute Warenqualität, niedrigere Preise, freundliche Verkäufer und gute Bedienung relativ wohlwollend anerkannt. Die befragten Strassenverkäufer, die in der Markthalle arbeiten, sehen aber die hygienischen Verhältnisse und die schlechte Ausstattung der Markthalle in einem anderen Licht - sie empören sich stark über diese Missstände. Bei den Strassenmärkten wird hingegen pauschal von schmutzigen Verkaufslokalitäten gesprochen, die jedoch billige Ware führen.

---

1) Siehe Abb.32

SOZIALRÄUMLICHE GRUNDDATEN DER BEFRAGTEN ARBEITERFAMILIEN

Familien: On Hong Day Nurcery - Un Chau Street, 15 A, Sham Shui Po, Kowloon

(No.* = befragte Familien)

No.	Anzahl Fam.Mit.	Adresse	Wohntyp privat öffentlich	Beruf Mutter Vater	Einkommen Miete H.K.$	Transport Erziehung H.K.$	Elektr. Wasser H.K.$
1*	5	Lai Chi Kok Road, 309	P.	Hausfrau Bauarbeiter	1'800 300	250 130	30 50
2*	4	Yu Chau Street, 242	P.	Schreibkraft Lehrer	3'055 350	180 140	25 20
3*	5	Fuk Wing Street, 85	P.	Hausfrau Händler	1'400 100	35 130	40 30
4	4	Fuk Wing Street, 91	P.	Hausfrau Textilarbeiter	1'450 500	65 145	20 20
5	4	Nam Tau Street, 9	P.	Arbeiterin Arbeiter	2'352 225	150 70	35 35
6	5	Block 6, Yau Ma Hom,T.H.Tsuen Wan	O.	Hausfrau Textilarbeiter	1'500 100	120 70	30 -
7	4	Pei Ho Street, 64	P.	Hausfrau Chauffeur	1'600 350	150 70	20 24
8	4	S.K.M. Street, 53	P.	Hausfrau Schneider	1'550 450	- 70	- -
9	2	Block 16, S.K.M. R.E.	O.	Kellnerin -	1'500 88	- 70	40 -
10*	4	Yu Chau Street, 253	P.	Hausfrau Beamter	2'000 500	80 97	30 50

No.	Anzahl Fam.Mit.	Adresse	Wohntyp privat öffentlich	Beruf Mutter Vater	Einkommen Miete H.K.$	Transport Erziehung H.K.$	Elektr. Wasser H.K.$
11	5	Block 6, Ngau Tau Kok R.E.	Ö.	Hausfrau Arbeiter	2'500 67	– –	50 30
12	3	Un Chau Street, 35	P.	Textilarbeit. Elektroarbeit.	1'900 450	30 105	22 13
13	4	Fuk Wing Street, 61 A	P.	Hausfrau Taxichauffeur	2'200 500	60 130	37 30
14	8	Yiu Tung Street, 8	P.	Hausfrau Chauffeur	1'600 350	200 70	35 40
15*	5	Fuk Wah Street, 11	P.	Hausfrau Koch	2'400 130	50 70	60 60
16*	4	Nam Cheong Street, 169	P.	Hausfrau Händler	1'400 350	– 70	20 10
17*	5	Fuk Wing Street, 75	P.	Hausfrau Arbeiter	2'000 400	– 200	50 20
18	5	Boundary Street, 38 A	P.	Hausfrau Beamter	2'300 260	60 110	10 70
19*	4	Tai Po Road, 168	P.	Hausfrau Chauffeur	1'800 400	15 –	25 10
20	6	Yu Chau Street, 35	P.	Hausfrau Arbeiter	1'800 –	– 205	48 50
21*	5	Nam Cheong Street, 192	P.	Hausfrau Maschinist	1'800 –	– 130	120 –
22	3	Tai Kok Tsui, Li Tak Street, 21	P.	Textilarbeit. Arbeiter	1'550 300	300 70	10 12
23	4	Kweilin Street, 59	P.	Hausfrau Arbeiter	1'600 320	60 127	15 –

No.	Anzahl Fam.Mit.	Adresse	Wohntyp privat öffentlich	Beruf Mutter Vater	Einkommen Miete H.K.$	Transport Erziehung H.K.$	Elektr. Wasser H.K.$
24*	3	Cheung Sha Wan Road, 212	P.	Hausfrau Arbeiter	1'600 370	150 70	30 15
25	4	Tai Woo House, Wo Che E.,N.T.	O.	Hausfrau Arbeiter	1'600 290	110 70	30 10
26	5	Fuk Wing Street, 93	P.	Hausfrau Chauffeur	1'800 500	– 80	35 50
27*	4	Un Chau Street, 32	P.	Hausfrau Tischler	1'800 350	80 70	29 10
28	4	Block 14, S.K.M., R.E.	O.	Hausfrau Strassenverk.	1'400 44	– 70	50 –
29	2	Block 17, S.K.M., R.E.	O.	– Kellner	975 –	– 70	– –
30*	4	Apliu Street, 166	P.	Hausfrau Textilarbeit.	1'800 400	– 130	50 20
31	3	Block 7, Un Chau Estate	O.	Hausfrau Textilarbeit.	1'400 170	150 70	40 30
32*	5	Yu Chau Street, 201	P.	Hausfrau Strassenverk.	1'800 –	– 70	35 25
33*	6	Block 11, Pak Tin Estate	O.	Textilarbeit. Chauffeur	2'450 295	60 70	50 15
34	4	Nam Cheong Street, 216	P.	Textilarbeit. Textilarbeit.	1'800 600	50 70	100 40
35*	4	Fuk Wah Street, 98	P.	Textilarbeit. Chauffeur	2'050 340	– 70	20 67
36	4	Fuk Wah Street, 96	P.	Hausfrau Strassenverk.	2'700 1'200	300 130	40 30

No.	Anzahl Fam.Mit.	Adresse	Wohntyp privat öffentlich	Beruf Mutter Vater	Einkommen Miete H.K.$	Transport Erziehung H.K.$	Elektr. Wasser H.K.$
37	4	Tai Po Road, 192	P.	Hausfrau Elektroarbeit.	1'800 320	100 75	35 12
38*	4	Cheung Sha Wan, 80	P.	Hausfrau Fabrikarbeiter	1'800 450	300 70	10 4
39	4	Tai Po Road, 93	P.	Verkäuferin Verkäufer	2'000 600	100 70	20 20
40*	6	Choi Wan East Clear Water Bay Rd.	O.	Hausfrau Fabrikarbeiter	2'100 325	200 120	40 15
41	5	Lai King East, Kwai Chung	O.	Hausfrau Lederfabrikarb.	1'800 286	120 127	40 15
42	5	Yen Chow Street, 34	P.	Hausfrau Fischereiarb.	700 300	20 127	50 50
43	5	Cheung Sha Wan Road, 278	P.	Hausfrau Druckereiarb.	1'200 540	- -	60 15
44	6	Cheung Sha Wan Road, 97	P.	Hausfrau Chauffeur	1'800 700	30 170	40 30
45	4	Fuk Wah Street, 15 A	P.	Hausfrau Chauffeur	1'500 500	420 140	100 70
46	5	Tai Po Road, 168	P.	Textilarbeit. Papierarbeiter	2'000 600	40 70	80 40
47*	6	Block 16, S.K.M. R.E.	O.	Hausfrau Coolie	1'700 44	- 70	30 -
48*	4	Block 17, S.K.M. R.E.	O.	Elektroarbeit. -	1'500 44	60 70	25 -
49	5	Apliu Street, 122	P.	Hausfrau Lieferarbeiter	1'300 250	50 60	25 25

No.	Anzahl Fam.Mit.	Adresse	Wohntyp privat öffentlich	Beruf Mutter Vater	Einkommen Miete H.K.$	Transport Erziehung H.K.$	Elektr. Wasser H.K.$
50	4	Un Chau Street, 131	P.	Textilarbeit. Verkäufer	2'100 365	150 150	20 60
51	4	Wong Chuk Street, 23	P.	Hausfrau Arbeiter	1'200 400	30 70	— 30
52*	3	Lai Chi Kok Road, 286	P.	Arbeiterin Arbeiter	1'860 198	90 70	30 30
53	4	Kweilin Street, 38	P.	Hausfrau Textilarbeit.	1'700 350	50 150	25 10
54*	6	Block 21, S.K.M.	O.	Hausfrau Textilarbeit.	1'600 225	120 70	40 20
55*	6	Lok King House, Lai King Estate	O.	Hausfrau Textilarbeit.	1'400 286	100 130	30 10
56	6	Block 9, Pak Tin Estate	O.	Hausfrau Chauffeur	1'500 270	60 80	30 15
57	5	Cheung Sha Wan Road, 226	P.	Hausfrau Arbeiter	1'200 600	— —	45 18
58	4	Kiu Kiang Street, 149	P.	Hausfrau Arbeiter	1'800 400	60 150	30 30
59	4	Fuk Wing Street, 93	P.	Packerin Chauffeur	2'200 400	60 70	40 20
60	?	Tung Chau Street, 252	P.	Hausfrau Packer	1'500 50	300 210	50 10
61	2	Apliu Street, 156	P.	Hausfrau —	400 —	— —	— —
62	3	Cheung Wo Lau,Tai Kok Tsui,Chung Wui Street	P.	Textilarbeit. Textilarbeit.	1'800 530	— 70	70 32

No.	Anzahl Fam.Mit.	Adresse	Wohntyp privat öffentlich	Beruf Mutter Vater	Einkommen Miete H.K.$	Transport Erziehung H.K.$	Elektr. Wasser H.K.$
63*	4	Block 14, S.K.M. R.E.	O.	Textilarbeit. Metallarbeit.	1'850 300	– 60	5 5
64	4	S.K.M. Street, 35	P.	Gelegenheitsar. Uhrenarbeiter	2'100 500	50 120	40 15
65*	4	Un Chau Street, 32	P.	Textilarbeit. Eisenleger	2'150 300	120 70	53 23
66	4	Tai Po Road	P.	Hausfrau Eisenleger	1'800 465	100 130	20 –

Familien: On Yan Day Nurcery - Upper Pak Tin Estate, Block 16, Ground Floor
(No.* = befragte Familien)

No.	Anzahl Fam.Mit.	Adresse	Wohntyp privat öffentlich	Beruf Mutter Vater	Einkommen Miete H.K.$	Transport Erziehung H.K.$	Elektr. Wasser H.K.$
1	6	Block 16, Pak Tin Estate	O.	Verkäuferin Taxichauffeur	2'600 128	140 130	– 7.50
2*	6	Block 16, Pak Tin Estate	O.	Hausfrau Kellner	2'000 104	400 70	– –
3	6	Block 10, Pak Tin Estate	O.	Textilarbeit. Chauffeur	3'260 295	250 70	– –
4*	8	Block 15, Pak Tin Estate	O.	– Chauffeur	2'500 128	130 319	– –
5	8	Block 16, Pak Tin Estate	O.	Kaufm.Angest. Kaufm.Angest.	3'500 128	400 600	– –
6	9	Block 16, Pak Tin Estate	O.	Textilarbeit. Arbeiter	2'000 128	250 184	– –
7	7	Block 16, Pak Tin Estate	O.	Textilarbeit. Beamter	2'800 128	160 240	– –
8	6	Block 15, Pak Tin Estate	O.	Hausfrau –	? 104	– –	– –
9	6	Block 16, Pak Tin Estate	O.	Textilarbeit. Chauffeur	2'200 77	150 140	– 6.25
10	8	Block 17, Pak Tin Estate	O.	Hausfrau Chauffeur	1'800 104	100 120	– –
11	7	Mei Foo Sun Tsuen	P.	Hausfrau Maschinist	1'800 Eigent.	200 107	– –

No.	Anzahl Fam.Mit.	Adresse	Wohntyp privat öffentlich	Beruf Mutter Vater	Einkommen Miete H.K.$	Transport Erziehung H.K.$	Elektr. Wasser H.K.$
12	6	Block 12, T.H. Pak Tin Estate	Ö.	Hausfrau Arbeiter	1'600 60	60 70	– –
13*	7	Block 17, Pak Tin Estate	Ö.	Hausfrau Druckereiarb.	1'800 77	220 70	– –
14	5	Block 2, Pak Tin Estate	Ö.	Hausfrau Arbeiter (Plast)	1'500 150	200 70	– –
15*	5	Block 16, Pak Tin Estate	Ö.	Beamtin Buchhalter	2'170 87	– –	– –
16	5	Block 17, Pak Tin Estate	Ö.	Arbeiterin Textilarbeiter	1'900 104	140 170	– 6.25
17*	6	Block 17, Pak Tin Estate	Ö.	Metallarbeit. Maschinist	2'200 80	170 70	– –
18	6	Block 17, Pak Tin Estate	Ö.	Hausfrau Textilarbeiter	1'350 108	100 120	– –
19	7	Block 15, Pak Tin Estate	Ö.	Hausfrau Arbeiter (Elektr)	1'500 104	– 170	– –
20	6	Block 17, Pak Tin Estate	Ö.	Hausfrau Arbeiter (Elektr)	1'500 77	90 135	– –
21*	7	Block 16, Pak Tin Estate	Ö.	Hausfrau Chauffeur	1'700 128	100 140	– –
22*	6	Block 36, Pak Tin Estate	Ö.	Hausfrau Strassenverk.	1'200 77	100 100	– –
23	4	Shatin, N.T.	Dorfhaus	Hausfrau Textilarbeiter	2'200 80	200 130	– 5.--
24	4	Block 7, Pak Tin Estate	Ö.	Textilarbeit. Koch	2'300 450	240 127	– –

No.	Anzahl Fam.Mit.	Adresse	Wohntyp privat öffentlich	Beruf Mutter Vater	Einkommen Miete H.K.$	Transport Erziehung H.K.$	Elektr. Wasser H.K.$
25*	4	Block 16, Pak Tin Estate	O.	Hausfrau Chauffeur	1'400 77	120 77	– –
26	6	Block 13, Pak Tin Estate	O.	Hausfrau Strassenverk.	1'200 196	100 120	– –
27	6	Block 15, Pak Tin Estate	O.	Hausfrau Textilarbeiter	3'000 128	120 140	– –
28	6	Block 14, Pak Tin Estate	O.	Hausfrau Chauffeur	2'700 128	200 140	– –
29	7	Block 17, Pak Tin Estate	O.	Putzfrau Arbeiter	1'900 128	90 190	– –
30	5	Block 10, T.H. Pak Tin Estate	O.	Hausfrau Maschinist	1'500 50	75 120	– –
31	7	Block 16, Pak Tin Estate	O.	Hausfrau Beamter	2'050 104	150 292	– –
32	5	Block 16, Pak Tin Estate	O.	Hausfrau Chauffeur	1'625 77	120 70	– –
33	8	Block 12, Pak Tin Estate	O.	Hausfrau Drogist	2'000 160	80 190	6.25 –
34*	6	Block 16, Pak Tin Estate	O.	Hausfrau Textilarbeiter	1'400 104	80 70	– –
35	5	Block 16, Pak Tin Estate	O.	– Chauffeur	1'800 104	320 140	– –
36	5	Block 17, Pak Tin Estate	O.	Kassiererin Bauarbeiter	5'400 128	120 203	– –
37	4	Block 17, Pak Tin Estate	O.	Hausfrau Arbeiter	1'500 80	180 120	– –

No.	Anzahl Fam.Mit.	Adresse	Wohntyp privat öffentlich	Beruf Mutter Vater	Einkommen Miete H.K.$	Transport Erziehung H.K.$	Elektr. Wasser H.K.$
38*	5	Block 28, T.H. Pak Tin Estate	Ö.	Strassenverk. Nachtwächter	2'090 60	100 340	– –
39	4	Tai Kok Tsui	P.	Textilarbeit. Gelegenheitsar.	2'200 500	240 70	– 6.25
40	5	Block 2, T.H. Pak Tin Estate	Ö.	Hausfrau Tischler	1'800 60	150 183	– –
41	5	Tai Po Road, 77	P.	Handwerkerin Arbeiter	1'300 300	100 140	– –
42*	5	Block 17, Pak Tin Estate	Ö.	Hausfrau Bauarbeiter	1'800 77	150 125	– –
43	5	Block 13, Pak Tin Eastate	Ö.	Hausfrau Textilarbeiter	2'200 98	100 220	– –
44	4	Block 15, Pak Tin Estate	Ö.	Hausfrau Beamter	1'500 208	100 170	– –
45	5	Block 17, Pak Tin Estate	Ö.	Hausfrau Chauffeur	2'500 104	100 120	– –
46*	5	Block 17, Pak Tin Estate	Ö.	Hausfrau Tischler	1'780 104	90 70	– –
47	6	Block 13, Pak Tin Estate	Ö.	Textilarbeit. Elektromonteur	2'200 127	220 130	– –
48	5	Block 15, Pak Tin Estate	Ö.	Hausfrau Tischler	2'500 77	100 70	– –
49	2	Tai Kok Tsui	P.	Textilarbeit. –	1'100 –	70 70	– –
50	5	Block 14, Pak Tin Estate	Ö.	Hausfrau Textilarbeiter	1'800 60	100 270	– –

No.	Anzahl Fam.Mit.	Adresse	Wohntyp privat öffentlich	Beruf Mutter Vater	Einkommen Miete H.K.$	Transport Erziehung H.K.$	Elektr. Wasser H.K.$
51*	6	Block 13, Pak Tin Estate	O.	Hausfrau Kassierer	2'400 196	120 115	- -
52	3	Fook Wah Street	P.	Textilarbeit. Metallarbeiter	2'000 600	150 70	- 3.75
53	6	Block 15, Pak Tin Estate	O.	Metallarbeit. -	600 104	30 -	- -
54	4	Block 13, Pak Tin Estate	O.	Textilarbeit. -	1'000 -	- 70	- -
55*	4	Block 4, Pak Tin Estate	O.	- Gelegenheitsar.	1'000 110	90 70	- -
56	3	Block 3, Pak Tin Estate	O.	Beamtin Arbeiter	2'330 215	250 70	- -
57	4	Block 14, Pak Tin Estate	O.	- Textilarbeiter	1'300 120	90 140	- 6.25
58	3	Block 15, Pak Tin Estate	O.	Textilarbeit. -	900 -	120 150	- -
59*	3	Block 12, Cheung Sha Wan Estate	O.	Hausfrau Nachtwächter	1'655 60	80 70	- -
60	4	Umzug	-	Hausfrau Fabrikarbeiter	1'000 60	50 128	- 3.75
61*	4	Tai Po Road, 77	P.	Hausfrau Reinigungsarb.	500 280	60 70	- -
62	3	Chao Yiu Estate	O.	Hausfrau Bauarbeiter	2'200 485	150 70	- 3.75
63	4	Lower Shing Mun, T.H.	O.	Hausfrau Fabrikarbeiter	1'500 50	150 140	- 5.--

No.	Anzahl Fam.Mit.	Adresse	Wohntyp privat öffentlich	Beruf Mutter Vater	Einkommen Miete H.K.$	Transport Erziehung H.K.$	Elektr. Wasser H.K.$
64	4	Block 17, Pak Tin Estate	O.	Hausfrau Textilarbeiter	2'200 70	60 120	- -
65	4	Block 1, Pak Tin Estate	O.	Hausfrau Uhrenarbeiter	2'000 270	80 70	5.-- -
66	5	Block 17, Pak Tin Estate	O.	Textilarbeit. Chauffeur	3'600 78	220 70	- -
67	4	Block 17, Pak Tin Estate	O.	Gelegenheitsar. Papierarbeiter	1'800 77	110 70	- -
68*	4	Block 13, Pak Tin Estate	O.	Textilarbeit. Lieferarbeiter	1'900 160	200 140	5.-- -
69	4	Yu Chau Street, 223	P.	Textilarbeit. Chauffeur	1'600 350	100 130	- -
70*	4	Po On Road, 15	P.	Hausfrau Chauffeur	2'200 850	100 70	- -
71*	4	Pei Ho Street, Block D,6 f.	P.	Hausfrau Bauarbeiter	2'000 514	180 140	- -
72	5	Block 17, Pak Tin Estate	O.	Hausfrau Fabrikarb. (Elekr)	2'600 500	120 20	- -
73*	5	Block 7, Li Cheng Uk	O.	Hausfrau Fabrikarbeiter	1'200 44	100 140	- -
74	4	-	O.	Textilarbeit. Automechaniker	2'300 71	100 215	- -
75	4	Block 14, Pak Tin Estate	O.	Textilarbeit. Flachmaler	2'600 128	160 70	- -
76	4	-	P.	Textilarbeit. Werftarbeiter	2'200 285	240 370	- 5.--

No.	Anzahl Fam.Mit.	Adresse	Wohntyp privat öffentlich	Beruf Mutter Vater	Einkommen Miete H.K.$	Transport Erziehung H.K.$	Elektr. Wasser H.K.$
77	4	Block 19, Pak Tin Estate	Ö.	Arbeiterin Arbeiter	2'050 50	200 70	— 5.—
78*	4	Block 16, Pak Tin Estate	Ö.	Arbeiterin Chauffeur	2'650 77	200 123	— 5.—
79	4	Block 16, Pak Tin Estate	Ö.	Hausfrau Chauffeur	1'800 104	100 120	— —
80	4	Block 21, T.H. Pak Tin Estate	Ö.	Elektronikarb. —	624 50	— —	— —
81	6	Block 14, Pak Tin Estate	Ö.	Hausfrau Maschinist	1'500 104	200 70	— —
82	4	Block 15, Pak Tin Estate	Ö.	Textilarbeit. Chauffeur	2'000 77	250 250	— —
83	4	Block 13, Pak Tin Estate	Ö.	Hausfrau Chauffeur	1'500 160	120 130	— —
84	4	Kwai Chung, N.T.	Polizei W.	Hausfrau Polizist	3'500 102	110 127	— —
85*	4	Block 17, Pak Tin Estate	Ö.	Textilarbeit. Lieferarbeiter	1'800 102	60 127	— —
86	4	Block 8, T.H. Pak Tin Estate	Ö.	Hausfrau Strassenverk.	2'800 50	100 370	— —
87	4	Nam Cheong Street	P.	Hausfrau Arbeiter	2'200 400	50 70	— —
88	4	Parkes Street	P.	Textilarbeit. Wäschereiarbeit.	2'400 350	150 70	— —
89	4	Cheung Sha Wan Road	P.	Verkäuferin Verkäufer	2'400 450	120 70	— —

No.	Anzahl Fam.Mit.	Adresse	Wohntyp privat öffentlich	Beruf Mutter Vater	Einkommen Miete H.K.$	Transport Erziehung H.K.$	Elektr. Wasser H.K.$
90	4	Block 16, Pak Tin Estate	ö.	Verkäuferin Verkäufer	1'500 77	180 70	– –
91	4	Block 14, Pak Tin Estate	ö.	Textilarbeit. –	2'400 104	– 70	– –
92	4	Block 17, Pak Tin Estate	ö.	Hausfrau Arbeiter	1'500 128	150 70	– –
93*	6	Block 17, Pak Tin Estate	ö.	Hausfrau Koch	1'400 104	100 140	– –
94*	5	Block 16, Pak Tin Estate	ö.	Haufrau MTR-Arbeiter	2'800 104	50 210	– –
95*	5	Block 16, Pak Tin Estate	ö.	Textilarbeit. Metallarbeiter	2'300 104	100 70	– 6.25
96	5	Block 13, Pak Tin Estate	ö.	Gelegenheitsar. Holzarbeiter	1'500 160	30 140	– –
97	7	Block 8, Pak Tin Estate	ö.	Textilarbeit. Kellner	2'800 77	100 70	– 6.25
98*	6	Block 5, Pak Tin Estate	ö.	Arbeiterin Arbeiter	1'300 54	150 160	– 6.25
99	6	Block 17, Pak Tin Estate	ö.	Textilarbeit. Arbeiter	1'865 128	300 70	– –
100	5	Block 14, Pak Tin Estate	ö.	Hausfrau Mechaniker	1'500 256	180 120	– –
101	5	–	P.	Hausfrau Strassenverk.	1'300 500	50 150	– –
102*	6	Block 17, Pak Tin Estate	ö.	Hausfrau Chauffeur	1'800 77	60 115	– 6.25

No.	Anzahl Fam.Mit.	Adresse	Wohntyp privat öffentlich	Beruf Mutter Vater	Einkommen Miete H.K.$	Transport Erziehung H.K.$	Elektr. Wasser H.K.$
103*	5	Nam Cheong Street, 160	P.	Textilarbeit. Coiffeur	1'600 220	90 140	– 6.25
104	5	Block 17, Pak Tin Estate	O.	Textilarbeit. Arbeiter	2'200 128	160 70	– 6.25
105	7	Block 14, Pak Tin Estate	O.	Gelegenheitsar. Beamter	2'000 197	80 70	– 6.25
106*	6	Block 17, Pak Tin Estate	O.	Textilarbeit. Chauffeur	2'030 77	60 70	– –
107	4	–	P.	Textilarbeit. Kellner	2'400 600	160 70	– –
108	5	Block 15, Pak	O.	Hausfrau Gelegenheitsar.	850 104	100 150	– –
109	5	Pak Hoi Street	P.	Textilarbeit. Plastikfab.Arb.	2'000 400	150 194	– 6.25
110	6	Block 16, Pak Tin Estate	O.	Hausfrau Plastikfab.Arb.	1'600 285	90 70	– –
111	5	Shun Ning Road	P.	Textilarbeit. Arbeiter	2'800 450	200 240	– 7.25
112	4	Umzug	P.	Hausfrau Bauarbeiter	1'700 50	120 120	– –
113*	5	Block 17, Pak Tin Estate	O.	Strassenverk. Strassenverk.	1'600 104	100 205	– –
114	5	Block 16, Pak Tin Estate	O.	Hausfrau Chauffeur	1'500 77	140 135	– –
115*	5	Block 16, Pak Tin Estate	O.	Hausfrau Beamter	1'650 77	– 100	– –

No.	Anzahl Fam.Mit.	Adresse	Wohntyp privat öffentlich	Beruf Mutter Vater	Einkommen Miete H.K.$	Transport Erziehung H.K.$	Elektr. Wasser H.K.$
116	6	Block 16, Pak Tin Estate	ö.	Hausfrau Schneider	1'600 104	120 70	– –
117	4	Block 16, Pak Tin Estate	ö.	– Taxichauffeur	1'800 210	100 140	– –
118	4	Block 19, Pak Tin Estate	ö.	Arbeiterin Arbeiter	2'050 50	100 70	– –
119*	5	Block 17, Pak Tin Estate	ö.	Hausfrau Metallarbeiter	2'500 160	250 120	– –

B.1   Fragebogen
      Familienumfrage

1.   Age of your husband:
2.   Age of your children:
3.   Your education:
     Highest level attended:
4.   How long have you been residing here:
5.   Previous address:
6.   What time do you get up:
7.   What time do you go to bed:
8.   Husband's working place:
9.   Wife's working place:
10. The kind of transportation you use to reach
     your working place:
     a) MTR: b) Bus: c) Minibus:
     d) Car: e) Motorbike: f) Tram:
     g) Ferry: h) On Foot:
11. How long is your trip in minutes:
12. How many times did you leave your flat yesterday:
     Morning: Afternoon: Evening:
13. Duration (hours, minutes) of your:
     1st trip: 4th trip: 7th trip:
     2nd trip: 5th trip: 8th trip:
     3rd trip: 6th trip:
14. What did you do on your:
     1st trip: 4th trip: 7th trip:
     2nd trip: 5th trip: 8th trip:
     3rd trip: 6th trip:

B.2   Fragebogen

15. Where did you go on the:
     1st trip: 4th trip: 7th trip:
     2nd trip: 5th trip: 8th trip:
     3rd trip: 6th trip:
16. If shopping trip, what goods did you buy:
17. How many times did you cook yesterday:
18. Where does your husband take his lunch:
19. Did you got to restaurants last week:
     Where are these restaurants:
20. Where do your closest (in relationship) relatives live:

21. When did you last visit them:

22. How many families do you visit frequently
    in your corridor: in your house:
    Daily   times   Daily   times
    Weekly   times   Weekly   times
    Monthly   times   Monthly   times

23. What did you do last Sunday:
    in your flat: outside your flat:

24. How much time do you spend on shopping daily (refer to last week):
    a) Weekday   hours
    b) Saturdays   hours
    c) Sundays   hours

25. Do you usually go shopping alone:
    Yes: No:

26. If no, then usually with whom:
    a) children: c) relatives:
    b) friends: d) others:

27. Which is the closest street market in your area where you buy goods:

28. Which is the closest public market in your area where you buy goods:

B.3 Fragebogen

29. Which is the closest emporium in your area where you buy goods:

30. Which is the furthest street market in Kowloon of which you have heard:

31. Which is the furthest street market in Kowloon in which you have ever bought goods:

32. Which is the furthest public market in Kowloon of which you have heard:

33. Which is the furthest public market in Kowloon in which you have ever bought goods:

34. Where do you go to obtain the following goods (last time):

    Items: Place of purchase: Reasons:
                                              close cheap good quality
    Meat
    Vegetable
    Clothing
    Newspaper
    Magazine
    Footware
    Radios/TV set

35. During what hours do you usually shop:
    Weekdays: Saturdays: Sundays:

36. How many times did you shop in each of the following types of shops:

    Types of shops: No. of visits:

    Rice, grocery shop
    Congee, noodle
    Vegetable
    Butcher
    Stationary
    Earthenware shop
    Cafe, Snack Bar
    Herbalist
    Electric appliance

B.4 Fragebogen

37. Do you occasionally shopping on the Hong Kong side:
    Yes: No:

38. What is your attitude towards public markets as a place to shop:

    a) Clean   .... Dirty
    b) High quality   .... Low quality
    c) Cheap   .... Expensive
    d) Convenient   .... Inconvenient
    e) Nearby   .... Distant
    f) Friendly shop assistants......... Cold shop assistants
    g) Good customer service   .... Bad customer service
    h) Quick shopping   .... Lengthy shopping

18. ZUSAMMENFASSUNG

In Hong Kong besteht eine wirtschaftlich aktive Strassenverkäufer-Gemeinde, die zur Zeit der vorliegenden Untersuchung an ca. 49'310 Verkaufsständen arbeitete. Die Mehrheit dieser Verkaufsstände - 34'291 - stehen auf der Strasse und 10'930 sind in den öffentlichen Markthallen und Basaren untergebracht. Auf der Halbinsel Kowloon arbeiten etwa 2/3 aller Strassenverkäufer, wobei sie sich auf private Verbauungen der ufernahen Zone konzentrieren. Im Verlauf der 140 Jahre dauernden Entwicklung zeigten sich die Strassenverkäufer als ein sehr flexibler und persistenter Bevölkerungsteil. Die fortlaufenden Bemühungen der kolonialen Verwaltungsstellen um eine befriedigende Lösung des Strassenverkäufer-Problems kann man allerdings nur als begrenzt gelungen bezeichnen. Die weit verbreitete Ansicht, nach welcher die Strassenverkäufer einen entwicklungshemmenden Teil des urbanen Arbeitsmarktes darstellen, ist irreführend und in seinen Auswirkungen auf die reelle Planungspolitik sogar gefährlich.

Seit den siebziger Jahren zählt nämlich das Urban Council Hong Kong den Strassenverkauf zu den kommerziellen Tätigkeiten und setzt die Strassenverkäufer ständig unter ökonomischen Druck. Die drastischen Mieten- und Lizenzerhöhungen im Dezember 1975 haben die Strassenverkäufer hart getroffen. Solch korrektive Massnahmen bezwecken ein Ausscheiden des finanziell schwächeren Teils der Strassenverkäufer-Gemeinde und ein Absinken der Standortrendite bei der Mehrheit der Strassenverkäufer, wodurch der individuelle Strassenverkäufer wiederum begrenzt konkurrenzfähig wird.

Bei der untersuchten Strassenverkäufer-Gemeinde in Kowloon handelt es sich um eine längst stabilisierte marginale Bevölkerungsgruppe, die aber kaum unter Ueberalterung oder sozialen Abnützungserscheinungen zu leiden hat. Für die subsistente Distributionskette ist eine hohe Anzahl von Zwischenstufen verschiedener Art festgestellt worden.

Auf der Insel Hong Kong wohnt kein einziger der befragten Strassenverkäufer. Hingegen liegt ein Teil der Verteilerzentren auf der Insel. Das Festhalten an den älteren Warenbezugsquellen auf der Insel ist offenbar mit der traditionellen Pflichttreue verbunden und den eingespielten ökonomischen Beziehungen zwischen den Grossisten und den Strassenverkäufern. Der mobile Strassenverkäufer-Typus verschwindet aber allmählich aus den Strassenmärkten in Folge der Restriktionen.

Ein grosser Teil der täglichen Arbeitszeit wird von Warentransporten in Anspruch genommen. Die hohe Frequenz der Ankaufsfahrten rührt von den zu kleinen Verkaufs- und Lagerflächen der Strassenverkäufer her. Bei den Textil- und Konfektions-Strassenverkäufern in Cheung Sha Wan wirkt sich die distriktspezifische Konzentration der Textil- und Konfektions-Kleinproduzenten (small scale industrial unit) aus: Es scheint, dass viele Strassenverkäufer im direkten Auftrag von Kleinfirmen arbeiten.

Die Methode der Umsiedlung, im Rahmen der laufenden Stadterneuerung, ist zwar oft unumgänglich, sie bedeutet aber einen schweren Eingriff in das bestehende Strassenverkäufer-Verteilernetz: Der betroffene Strassenverkäufer hat schwere finanzielle Lasten zu tragen; er verliert sein angestammtes Kundenpublikum; sein Einkommensniveau und seine Preispolitik werden verändert.

Die abgeschlossene Umsiedlung der Strassenverkäufer in Shek Kip Mei kann man als relativ gelungen bezeichnen, da sie nicht zu einer radikalen Ausschaltung der Strassenverkäufer aus dem Distributionssystem der betroffenen Planungseinheit (planning area) geführt hat.

Die Versorgungssituation der untersuchten Wohnviertel wurde sichtbar gemacht mit Hilfe des Durchdringungsgradkoeffizienten, des Strassenverkäufer-Nachfragepotentials, der Strassenverkäufer-Dichte und schliesslich mit der Kartierung und den Hektarrasterdarstellungen der Versorgungsaktivitäten der befragten Arbeiterfamilien. Die Arbeiterfamilien im Untersuchungsgebiet Cheung Sha Wan (Sham Shui Po) und Shek Kip Mei beziehen 1/3 aller Lebensmittel, sowie auch

Güter des kurz- und mittelfristigen Bedarfs bei den Strassenverkäufern auf den Strassenmärkten der unmittelbaren Nachbarschaft. Das Untersuchungsgebiet leidet stark unter einem Mangel an Verkaufsflächen und unvorteilhaft angelegten Verkaufsflächen in den Markthallen.

Die detaillierte Auswertung der Umfrage von 551 Strassenverkäufern und 63 Arbeiterfamilien in Cheung Sha Wan, K.P.A.5. und Shek Kip Mei, K.P.A.4. zeigt eine starke sozialräumliche- und ökonomische Interdependenz zwischen beiden Bevölkerungsgruppen.

Die zukünftige Raumplanung könnte folgende Gesichtspunkte in Erwägung ziehen:

a) Eine neue Strassenverkäufer-Lizenz- und Mietenpolitik, welche im grösseren Masse die spezifischen Gegebenheiten der einzelnen Planungseinheiten berücksichtigen würde, wäre zu entwickeln, d.h. ein Abrücken vom festen, unflexiblen Tarif wäre empfehlenswert. Die grössere Flexibilität im Gestalten der Lizenz- und Mietenpolitik würde mit grösster Wahrscheinlichkeit einen Abbau der Schwarzmärkte mit sich bringen und vor allem die Konkurrenzfähigkeit der Strassenverkäufer im Wettbewerb mit den Läden der modernen Verteilersysteme zusätzlich stabilisieren.

b) Die Möglichkeit einer Zulassung von Strassenverkäufern in den A- und B-Wohnanlagen sollte ins Auge gefasst werden. Dort besteht nämlich ein regelrechtes Bedürfnis nach solchen Verkaufskapazitäten. Die Tatsache, dass bei der Mehrheit der Kunden, welche aus den neuen Wohnanlagen kommen, eine ungebrochene Tendenz zu regelmässigem Einkauf von Gütern des alltäglichen Gebrauchs auf den Strassenmärkten der unmittelbaren Nachbarschaft besteht, spricht für ein starkes Bedürfnis nach einem breitgefächerten Strassenverkaufsangebot auch innerhalb der neuen Wohnanlagen.

c) Den Selbsthilfeorganisationen der Strassenverkäufer sollte eine massivere Unterstützung seitens der Verwaltungsstellen gewährleistet werden. Gleichzeitig wäre eine technische branchenspezifische Weiterbildung der Strassenverkäufer der Sache sicherlich nicht abträglich. Die jüngeren Strassenverkäufer sollten also nicht nur als potentielle Arbeitskräfte für die expandierende Bau- und Leichtindustrie betrachtet werden.

d) Im weitern sollte die Stabilisierung der bestehenden Strassenmärkte und deren technische Innovation einen Teil der laufenden Umsiedlungsprogramme bilden. Den umgesiedelten Strassenverkäufern sollten also finanzielle Erleichterungen gewährt werden, um ihnen den Start in den neuen Verkaufslokalitäten zu erleichtern.
Die gebauten Markthallenmodelle sollten funktionell überprüft werden, um ungenützte Kapazitäten vermeiden zu können. Durch die Entwicklung von geeigneteren Markthallenmodellen würde die Markthallen-Zentralität erhöht, und die umgesiedelten Strassenverkäufer könnten höhere Renditen erreichen.

Es bleibt nur zu hoffen, dass die Strassenverkäufer der Kronkolonie Hong Kong in der nächsten Zukunft nicht den Supermarktketten zum Opfer fallen werden. Die Resultate der vorliegenden Untersuchung scheinen allerdings eine solche Befürchtung nicht zuzulassen.

SUMMARY

There exists in Hong Kong an economically active hawker community which, at the time this survey was made, operated some 49,310 pitches. Most of these pitches, 34,291 all told, are on the streets, and 10,930 are situated in the public covered markets or bazaars. About two thirds of all hawkers work on Kowloon where they are concentrated in the private residential areas close to the shore. In the course of 140 years of continuous development, the hawkers have shown themselves to be a very adaptable element in the population. The continuing efforts of the colonial authorities to solve the problem of hawkers satisfactorily can, in any event, be regarded as only partially successful. The widely held view, according to which hawkers represent an obstacle to the development of the urban labour market is misleading, and, in its effects on actual planning policy, positively dangerous.

Since the seventies, in particular, the Hong Kong Urban Council has deemed hawking to be a commercial activity, and this has put hawkers under constant economic pressure. The drastic rent and licence increases in December 1975 hurt the hawkers badly. Such corrective measures are aimed at the elimination of the financially weaker members of the hawker community and a reduction in the returns from the sites of the majority of the hawkers. As a result, the individual hawker has become less able to stand up to competition.

The hawker community studied in Kowloon is a long established marginal group of the population who are, nevertheless, not suffering from aging or from social decay. A large number of intermediate stages of various kinds have been noted in the traditional chain of distribution.

Not one of the hawkers interviewed lives on Hong Kong Island. On the other hand, some of the wholesale centres are located there. Adherence to older sources of supply on the island is evidently bound up with the traditional loyalty and the well established economic links between the wholesalers and the hawkers. The mobile hawker, however, is gradually disappearing from the street markets as a result of the restrictions.

A great part of the working day is consumed in transporting goods. The great frequency of the purchasing trips arises from the inadequate sales and storage space of the hawkers. The hawkers of textiles and ready-made clothing in Cheung Sha Wan have been influenced by the concentration of small-scale industrial manufacturers of textiles and ready-made clothing in the district. It appears that many hawkers work closely with and directly on behalf of small firms.

The procedures for resettlement in the course of current urban renewal are, admittedly, frequently unavoidable, but they represent a serious disturbance to the existing network of distribution for hawkers. The hawker affected has heavy financial charges to meet; he loses his established customers; the level of his income and his pricing are altered.

The recently concluded resettlement of hawkers in Shek Kip Mei can be described as relatively successful since it did not lead to a radical exclusion of the hawkers from the distribution system of the planning area concerned.

The shopping situation in the residential quarters studied was demonstrated with the aid of the coefficient of the degree of penetration by hawkers, of the potential need for hawkers, the density of the distribution of the hawkers, and, finally, with the mapping and representation on grids of the shopping activities of the working-class families interviewed.

Cheung Sha Wan (Sham Shui Po) and Shek Kip Mei get one third of all food items and short- and medium-term requirements from the hawkers on the street markets in their immediate vicinity. The area studied suffers seriously from a shortage of selling space and from unsatisfactorily designed covered markets.

The detailed assessment of the general polling of 551 hawkers and 63 working-class families in Cheung Sha Wan (Kowloon Planning Area 5) and Shek Kip Mei (Kowloon Planning Area 4) shows a strong social and economic interdependence between both groups of the population in the same area.

Future hawker policy could bring the following considerations into play:

a) A fresh policy for licensing and renting for hawkers should be developed which would take into account, to a greater extent, the specific factors in the different planning areas, i.e. a departure from the rigid, inflexible tariff would be desirable. Greater flexibility in the formation of licensing and renting policy would, with great probability, bring about a reduction in the black markets, and, in addition, especially increase the ability of the hawkers to compete with the shops of the modern retailing systems.

b) The possibility of the admission of hawkers into the A and B housing estates should be considered. There is a real need there for just such shopping facilities. The fact that, with most shoppers who come from the new estates, there exists a persistent preference for regular purchases of everyday items from the street markets in the immediate neighbourhood, indicates an urgent need for a wide range of hawking facilities within the new estates as well.

c) The authorities should extend a greater measure of subsidy to the self-help organizations of the hawkers. At the same time, technical specialized further training of the hawkers would certainly help the problem. The younger hawkers should not, therefore, be regarded solely as a potential source of labour for expanding building and light industry.

d) Furthermore, the stabilization of the existing street markets and their technical improvement should form a part of the current resettlement programmes. Financial concessions should, therefore, be made available to the hawkers who are being resettled in order to facilitate their starting up in the new public markets.

The covered markets constructed should be subjected to functional examination so as to avoid unused capacity. By the development of more suitable covered market models, the importance of the covered market as a shopping centre would be increased, and the resettled hawker acquire higher returns.

It only remains to be hoped that the hawkers of the Crown Colony of Hong Kong will not fall victims to the supermarket chains in the immediate future. In any event, the results of the present investigation do not appear to encourage such fears.

LITERATUR- UND QUELLENVERZEICHNIS

AFFIF, S., Food Supply and Economic Development in Indonesia. Problems and Prospects. Corvallis, Oregon, U.S.A., Oregon State University, 1968

AGASSI, Judith, Housing the needy in Hong Kong in: A Society in Transition, Hrsg. J.C. Jarvie, London 1969: 247-256

ALAO, Nurudeen A., Periodic Markets in Western Nigeria: Theory and Empirical Evidence, Department of Geography Research Report, No. 42, Northwestern University, Evanston, U.S.A., 1968

ANDERSON, D.A., Marketing and Development: The Thailand Experience, East Lansing, Michigan, U.S.A., International Business and Economic Studies, 1970

ARMSTRONG, W.R. und McGEE, T.G., Revolutionary Change and the Third World City, A Theory of Urban Involution, Civilisations, Vol. XVIII: 353-378

BAKER, Hugh D.R., Chinese Family and Kinship, Macmillan 1979

BECHHOFER, F. und ELLIOTT, B., An approach to the study of small shopkeepers and the class structure in: Archives Européennes de Sociologie, IX (11): 180-202

BELL, P.F. und TAI, J., Markets, middlemen and technology: agricultural supply response in the dualistic economies of Southeast Asia in: Malayan Economic Review, 14 (1): 29-47

BROMLEY, R.J., HODDER, B.W. und SMITH, R.H.T., Market-place Studies: A World Bibliography up to 1972, School of Oriental and African Studies, University of London, 1972

BUCHHOLZ, Hanns Jürgen, Die Wohn- und Siedlungskonzentration in Hong Kong als Beispiel einer extremen städtischen Verdichtung in: Erdkunde, 27, 1973, (b): 279-290

BUCHHOLZ, Hanns Jürgen, Die chinesische Zuwanderung nach Hong Kong. Ein Beitrag zur Analyse einer ungewöhnlichen Bevölkerungsentwicklung in: Geographische Zeitschrift, Jg. 61, 1973 (a): 295-318

BUCHHOLZ, Hanns Jürgen, Bevölkerungsmobilität und Wohnverhalten im sozialgeographischen Gefüge Hong Kongs, Ferdinand Schöningh, Paderborn 1978

BUTTERS, H.R., Report on Labour and Labour Conditions in Hong Kong, Sessional Paper Laid before the Legislative Council of Hong Kong, No. 3, 1939

CAROL, H., The hierarchy of central functions within the city in: Annals of the Association of American Geographers, 50, 1960: 419-438

CHADWICK, O., Report on the Sanitary Condition of Hong Kong, Hong Kong 1882

CHAN, Ping-Kuen, Hawker Economy in the New Territories, Luen Wo Market and Shek Wu Hui, unpublished B.A. thesis, Department of Geography, Hong Kong University, 1973

CHAN, Ying-Keung, Urban density and social relations in: Journal of the Chinese University of Hong Kong, Vol. V, No. 1, 1979: 317-322

CHAN, Ying-Keung, Family Planning, Knowledge, Attitude and Practice in Hong Kong, 1977; Family Planning Association of Hong Kong, 1978

CHAN, Ying-Keung und LAU, R., Biosocial Survey, Report on Sampling, Social Research Centre, Chinese University of Hong Kong, 1974

CHAN, Ying-Keung, The Growth Patterns of Organisations in Kwun Tong, Social Research Centre, Chinese University of Hong Kong, 1972

CHAN, Ying-Keung, The Rise and Growth of Kwun Tong, Social Research Centre, University of Hong Kong, 1973

CHANEY, D.C. und PODMORE, D.B.L., Young Adults in Hong Kong: Attitudes in a Modernising Society, University of Hong Kong, 1973

CHEN, J., China and the West, Hutchinson, London 1979

CHEN, P., Tea trade in Hong Kong, Journal of the Economics Society, Chinese University of Hong Kong, 1957: 60-64

CHENG, Tong Yung, The Economy of Hong Kong, Far East Publications, Hong Kong 1978

CHENG, Tong Yung, Hong Kong, a classical growth model. A survey of Hong Kong's industrialisation 1948-1968 in: Weltwirtschaftliches Archiv, 104, 1970: 138-158

CHENG, Tong Yung, The Impact of Industrialisation upon Consumption with Special Reference to Hong Kong and Singapore, Hong Kong 1971

CHO, K., Kaifong Welfare Associations in Hong Kong in: Hemisphere, 12, No. 7, 1968: 28-31

CHOI, C.Y., Urbanisation and Redistribution of Population, A Hong Kong Case Study, Patterns of Urbanisation, Vol. 1, Dolhain 1977: 239-287

CHUN, W.C., Hong Kong, The family planning associations in: Eastern World, 18, No. 2, 1964: 13-14

DAVIS, S.G., Hrsg., Land Use Problems in Hong Kong, Hong Kong 1964

DRAKAKIS-SMITH, D.W., The hinterlands of towns in the New Territories, Asian urbanisation in: A Hong Kong Casebook, Hrsg. D.J. Dwyer, Hong Kong 1971: 167-181

DRAKAKIS-SMITH, D.W., Housing Needs and Policies for Cities in Developing Countries with Special Reference to Hong Kong, Ph.D. thesis, Hong Kong University, 1973

DRAKAKIS-SMITH, D.W., Housing Provision in Metropolitan Hong Kong, Centre of Asian Studies Publication, Hong Kong University, 1973

DRAKAKIS-SMITH, D.W., Traditional and modern aspects of urban systems in the third world in: Pacific Viewpoint, Wellington, 12, 1971: 21-40

DRAKAKIS-SMITH, D.W., High Society, Housing Provision in Metropolitan Hong Kong, A Jubilee Critique, Centre of Asian Studies, University of Hong Kong, 1979

DWYER, D.J., Asian Urbanisation, A Hong Kong Case Book, Hong Kong University Press, 1971

DWYER, D.J. und LAI, C.Y., The Small Industrial Unit in Hong Kong, Patterns and Policies, University of Hull Publications, 1967

ENDACOTT, G.B., A History of Hong Kong, Oxford in Asia Paperbacks, Hong Kong 1979

ESTATE PROPERTY, Hong Kong Housing Authority, Research and Planning Division, Hong Kong March 1978

EVERS, Hans-Dieter, The culture of Malaysian urbanisation: Malay and Chinese conception of space in: Urban Anthropology, Vol. 11, No. 1, September 1975

EVERS, Hans-Dieter, Politische Oekologie der südasiatischen Stadt, Zusammenfassung eines Vortrags am Südasien-Institut der Universität Heidelberg am 27. April 1977

FAN, S.C., Consumer Price Indices in Hong Kong and Singapore, Centre of Asian Studies, University of Hong Kong, 1975

FRAMEWORK for Design, Kowloon Central Estates, Housing Department, Hong Kong, February 1979

GUERREO, S.H., The Role of Hawkers and Vendors in the Marketing System of Manila and Baguio, unpublished report at a Conference on Hawkers in Southeast Asian Cities, Baguio-Manila, May 27-31 1974

GUERREO, S.H., Hawkers and Vendors in Manila and Baguio, International Development Research Centre, Ottawa 1975

HAWKER By-Laws, Hong Kong Government, 1964, 1971/77/78/79

HAWKER Control Force Ordinance, Hong Kong Government Printer, 1964

HAWKERS: A Report with Policy Recommendations, Hong Kong Government Printer, 1958

HAWKER SURVEY, Resettlement Department, Hong Kong, unpublished report, 1969

HO, K.H., Hong Kong in the Setting of Asia, FEP International Ltd., Hong Kong 1975

HO, Seck-Fun, Hawkers in the Mongkok District, A Study in Retailing Geography, unpublished M.Phil. thesis, Hong Kong, Department of Geography, University of Hong Kong, 1972

HONG KONG Streets and Places, Official Guide, Vols. 1-2, Hong Kong Government Printer, 1978

HONG KONG HOUSING AUTHORITY Annual Report 1973-74, 1975-76, 1976-77, 1977-78, 1978-79

HONG KONG Monthly Digest of Statistics, Census and Statistics Department, Hong Kong, May 1980

HONG KONG GOVERNMENT, Report on the Hawker Situation in Mongkok, Mongkok District Office, unpublished report, 1968

HONG KONG URBAN COUNCIL, Draft Memorandum on Hawkers by the Chairman of the Urban Services Department, File 921/53, 1940

HONG KONG Life Tables, Census and Statistics Department, Hong Kong March 1978

HOUSING in Sri Lanka, Marga Research Studies 6, Tisara Press, Dehiwala, Sri Lanka 1976

HSU, I.C.Y., The Rise of Modern China, Oxford University Press, 1979

HUGHES, R.H., Hong Kong, an urban study in: Geographical Journal, 117, 1951: 1-23

ILLUSTRATED GUIDE, Hong Kong Housing Authority, Research and Planning Division, Illustrated Guide to Housing Authority Estates, November 1978

KLINGBEIL, Detlev, Aktionsräume im Verdichtungsraum, Münchner Geographische Hefte Nr. 41, 1979

LEEMING, Frank, Street Studies in Hong Kong, Oxford University Press, Hong Kong 1977

LEUNG, C.K., Mass Transport in Hong Kong, Asian Urbanisation, A Hong Kong Casebook, Hrsg. D.J. Dwyer, Hong Kong 1971: 155-166

LIANG, Chi-sen, Urban Land Use Analyses, A Case Study on Hong Kong, Ernest Publications, Hong Kong 1973

LINN, J.F., Policies for Efficient and Equitable Growth of Cities in Developing Countries, World Bank Staff Working Paper No. 342, July 1979

LOETSCHER, L. und LASCHINGER, W., Basel als urbaner Lebensraum, Basler Beiträge zur Geographie, Heft 22/23, Basel 1978

LU, A.L.C. und TSOI, H.K., Hawkers and their Relocation in Hong Kong, Social Research Centre, Chinese University of Hong Kong, October 1972

MAO TSE-TUNG, Selected Works, Vols. 1-4, Peking 1977

MARR, R., Ungleiche Entwicklungsländer, SLZ, Informationsblätter, 29-32, 22. Juli 1982: 1205-1212

MARR, R., Tourismus in Malaysien und Singapur, Basler Beiträge zur Geographie, Basel 1983

McGEE, T.G., The Southeast Asian City, A Social Geography of the Primitive Cities of Southeast Asia, G. Bell and Sons, London 1967

McGEE, T.G., Hawkers in Hong Kong, Preliminary Tables, Hong Kong, Centre of Asian Studies, University of Hong Kong, 1970

McGEE, T.G., Hawkers in Selected Asian Cities, Hong Kong, Centre of Asian Studies, University of Hong Kong, 1970

McGEE, T.G., Dualism in the Asian city. The implications for city and regional planning in: Third International Symposium on Regional Development, Tokyo, U.N. Center for Area Development, 1970: 34-47

McGEE, T.G., Hawkers in Hong Kong, A Study of Policy and Planning in a Third World City, Monograph No. 17, Hong Kong, Centre of Asian Studies, University of Hong Kong, 1973

McGEE, T.G. und YEUNG, Yuen-man, Hawkers in Southeast Asian Cities, International Development Research Centre, Ottawa 1977

McGEE, T.G., Hawkers on Hong Kong Island, a traditional occupation in a modernising society, Hong Kong Branch of the Royal Asiatic Society, 1975: 110-118

MINERS, N.J., The Government and Politics of Hong Kong, Oxford University Press, Hong Kong 1979

MINTZ, S.W., Peasant markets in: Scientific American, 203 (2), 1960: 112-118

MITSCHERLICH, A., Das Ich und die Vielen, Die Stadt der Zukunft, Grossstadt und Neurose, dtv, 1981: 305-319

NORTON, A. und SYMANSKI, R., The internal marketing systems of Jamaica in: Geographical Review, 65 (4), 1975: 461-475

OSGOOD, C., The Chinese, A Study of a Hong Kong Community, University of Arizona Press, 1975

PUN, Kwok Shing, Decentralisation versus Resource Development, Ph.D. thesis, Department of Geography, University of Hong Kong, 1980

REDDY, S.N., Vegetable markets and regional relationships of Hydarabad city in: Geographical Review of India, 1961: 24-40

ROSS, T., Mao, Eine Biographie, Hoffmann und Campe, 1981

PRYOR, E.G., An Assessment of the Need and Scope for Urban Renewal in Hong Kong, unpublished Ph.D. thesis, Department of Geography, University of Hong Kong, 1971

PRYOR, E.G., Workshops in domestic premises: A Hong Kong Case study, Pacific Viewpoint, Vol. 14, 1972: 169-186

PRYOR, E.G., Housing in Hong Kong, Oxford University Press, Hong Kong 1977

SCOTT, P., Geography and Retailing, London, Hutchinson, 1970

SIMONIS, Udo-Ernst, Hrsg., Hong Kong, Economic, Social and Political Studies in Development, Institute of Asian Affairs, Hamburg, M.E. Sharpe Inc., Dawson 1979

SIT, V. Fung-Shuen, Hrsg., Small Scale Industry in a Laissez-Faire Economy, A Hong Kong Case Study, Centre of Asian Studies, University of Hong Kong, 1979

SURVEY, Report on Domestic Tenants Rehoused in Upper Pak Tin Estate from Shek Kip Mei Redevelopment, Housing Department, Hong Kong 1976

SURVEY, Report on the Survey of Shop Tenants Relocated from Lower Shek Kip Mei, Housing Department, Hong Kong 1976

TSE, F.Y., Market and Street Trading, Chinese University of Hong Kong, Social Research Centre, March 1974

TSE, F.Y., Street Trading in Hong Kong, I-III. Chinese University of Hong Kong, March 1974

TSUEN WAN, Hong Kong's New Towns, New Territories Development Department, PWD Hong Kong, 1979

WONG, S., Life Pattern of Hawkers, unpublished M.A. thesis, Chinese University of Hong Kong, 1972

YEH, S.H.K., Hrsg., Public Housing in Singapore, Singapore University Press, 1975

YEH, S.H.K. und LAQUIAN, A.A., Housing Asia's Millions, International Research Centre, Ottawa 1979

YEUNG, Y.M. und YEH, S.H.K., Commercial patterns in Singapore's public housing estates in: Journal of Tropical Geography, 33, 1971: 73-86

YEUNG, Y.M. und DRAKAKIS-SMITH, D.W., Comparative perspectives on public housing in Singapore and Hong Kong in: Asian Survey, 14 (8): 763-775

YEUNG, Y.M., A shop census in Singapore's public housing estates in: Town Planning Review, Vol. 43, 1972: 56-70

ABBILDUNGSVERZEICHNIS

Abb.			
	1	Hong Kong, Kowloon, New Territories	4
	2	Strassenverkäufer in der Queen's Road, Hong Kong, 1880	13
	3	Jadeschnitzer, Hong Kong, 1880	13
	4	Mit Obst und Gemüse handelnde Strassenverkäufer, D'Aguilar Street, Hong Kong, 1870	14
	5	Kowloon City, Hong Kong, um 1900	14
	6	Wohnbevölkerung und Anzahl Strassenverkäufer in Hong Kong, 1872-1931	16
	7	Markthallen und Basare in Hong Kong	30
	8	Pei Ho Street-Strassenmarkt, Süd-Abschnitt	35
	9	Strassenverkäufer-Dichte der urbanen Distrikte von Hong Kong und Kowloon	40
	10	Shek Kip Mei Estate, Erneuerungsschema	48
	11	Urbaner Raum Hong Kong	51
	12	Upper Pak Tin Estate und Lower Pak Tin Estate	65
	13	Oeffentliche Markthalle, Nam Cheong Street	69
	14	Grundtypen der Strassenverkaufsstände	74
	15	Wohndistrikte der Befragten, Nam Cheong Street Markthalle	80
	16	Wohndistrikte der Befragten, Upper Pak Tin Estate Markthalle	80
	17	Warenbezugsquellen	87
	18	Warenbezugsquellen	90
	19	Aktive Strassenverkaufseinheiten	101
	20	Strassenverkäufer-Branchen und Frequenzen der Verkaufsoperationen, Upper Pak Tin Estate Markthalle	104
	21	Verteilernetz (einheimisches Obst): Strassenmärkte in Kowloon, New Kowloon, Hong Kong	109

Abb.	22	Untersuchungsraum Sham Shui Po	129
	23	Entfernteste Strassenmärkte, Fragebogen B.3.32./3.33.	150
	24	Bedarfsareale der Arbeiterfamilien: Strassenmärkte, Markthallen, Basare, Hektarraster, Fragebogen B.2.27./2.28./3.29.	152
	25	Bedarfsareale der Arbeiterfamilien: Strassenmärkte, Kaufhäuser, Hektarraster, Fragebogen B.2.27./3.29.	152
	26	Bedarfsareale: Kleidung, Hektarraster, Fragebogen B.3.34.	154
	27	Bedarfsareale: Gemüse, Hektarraster, Fragebogen B.3.34.	154
	28	Bedarfsareale: Radio, Hektarraster, Fragebogen B.3.34.	155
	29	Bedarfsareale: Schuhe, Hektarraster, Fragebogen B.3.34.	155
	30	Bedarfsareale: Fleisch, Hektarraster, Fragebogen B.3.34.	156
	31	Bedarfsareale: Fernsehgerät, Hektarraster, Fragebogen B.3.34.	156
	32	Polaritätsdiagramm	159

TABELLENVERZEICHNIS

Tab.			
1	Lizenz-Gebühren für den Strassenhandel in Hong Kong		44
2	Mietkosten der verschiedenen Verkaufsstandorte der Strassenverkäufer in Kowloon		46
3	Mietkosten der verschiedenen Verkaufsstandorte in der Nam Cheong Street Markthalle, Shek Kip Mei Estate		47
4	Prozentuale Vertretung der Strassenverkäufer nach Geschlecht und Verkaufsbranche		57
5	Befragte Strassenverkäufer nach Branchen und Geschlecht		58
6	Prozentuale Vertretung der Strassenverkäufer nach Alter und Branche		60
7	Durchschnittliche Gesamtdauer der Strassenverkäufer-Aktivitäten		63
8	Verkaufsfläche-Richtlinien (pro Kopf und Wohnbevölkerung) für den kommerziellen Sektor in Hong Kong		71
9	Individuelle Transportart der Strassenverkäufer-Ware (Nam Cheong Street und Upper Pak Tin Estate Markthalle)		89
10	Dualistische Gegenüberstellung der modernen und der traditionellen Verteilernetze in den Entwicklungsländern		113
11	Gegenüberstellung der modernen und traditionellen Verteilernetze in Hong Kong		116
12	Zusammensetzung der Versorgungszentren von Shek Kip Mei		119
13	Bestehende und geplante Versorgungszentren in Shek Kip Mei		120
14	Prozentuale Vertretung der Verkaufseinheiten in den einzelnen Planungsbereichen von Hong Kong		122
15	Strassenverkäufer in den A-Wohnanlagen (A-Estates)		122

Tab. 16	Anzahl der am Tage aktiven Strassenverkaufseinheiten in Hong Kong	124
17	Wachstum der Markthallenkapazität und Bevölkerungswachstum	125
18	Strassenverkäufer in den B-Wohnanlagen (Resettlement Estate)	126
19	Distrikte mit hoher Strassenverkäufer-Dichte	127
20	Erneuerungsschema von Shek Kip Mei Estate, 1974-1983	133
21	Hauptkategorien des öffentlichen Wohnungsbaues in Hong Kong	134
22	Familiengrösse der befragten Arbeiterfamilien	142
23	Verkehrsmittel und Verkehrszeit der befragten Familien	144
24	Besuchsfrequenz innerhalb der Verwandtschaft	146
25	Einkaufsfrequenz (% Befragte)	148
26	Prozentualer Käuferanteil (Strassenmärkte: Pei Ho Street, Shun Ning Road)	157
27	Prozentualer Käuferanteil	158
28	Bedarfsstellen der befragten Arbeiterfamilien	158